美しい合気道

Beautiful
AIKIDO

白川竜次

Ryuji Shirakawa

—

著

KADOKAWA

はじめに

はじめまして、白川竜次と申します。

私は宮城県で「合気道神武錬成塾」という合気道の道場を主宰している合気道家です。

2020年に新型コロナウイルスが流行するまでは、海外の団体からの招きに応じ、毎年10カ国以上の国々で指導も行ってきました。

また、2010年からは、合気道の魅力を多くの人に知ってもらいたいという思いから、YouTubeで合気道動画の配信も始めました。

コツコツと地道に配信を続けた結果、幸いにも多くの皆さまからご支持をいただき、2023年8月時点で36万人に登録をしていただいております。

最近は、テレビや雑誌に出演させていただく機会も増え、これらのメディアを見た方々から、「東京や大阪に白川先生の道場はないですか?」というメッセージをいただくことが多くなりました。また、欧米をはじめとし、アジア諸国、アフリカなどの世界各国からも、「自分の国で先生のセミナーを開催してほしい」というご要望も多くいただいております。

また、熱心な視聴者の方からは、「白川先生のプライベートレッスンを受けたい」、「先生のDVDは持っているが、じっくり学べる教本を出してほしい」、「普段はどんな稽古をしていますか?」、「どんなトレーニングをしていますか?」、「どうやったら先生のように美しい動きが出来ますか?」などというご要望やご質問も多くいただきます。

皆さまからいただいたご要望にお応えして、もっと多くの場所でセミナーを開催したいという思いや、ご質問にも答えたい気持ちもありますが、身体は一つで時間も限られております。

そこで皆さまのご要望に少しでもお応えしたいという気持ちから今回、本書を出版させていただくことになりました。

本書のタイトルは「美しい合気道」となっています。

武道書のタイトルに「美しい」は、一見ミスマッチに感じるかもしれません。

　ではなぜ、「美しい」という言葉を付けたのか？

　それは、私は武道・武術が大好きで、長年色々な武術を見て、稽古を積み重ねていく中で、1つの大きな確信を持つに至ったからです。それは、「洗練された動きは美しい」ということです。

　武道・武術、格闘技だけでなく、スポーツ選手やヨガの修行者、ダンサー、職人さんに至るまで、磨かれた身体の動き、洗練された一挙一動は本当に美しいです。そして、「美しい動きには必ず理由がある」とも思っています。
美しさには「理由と理論」があるのだと。

　本書では、その「美しさ＝洗練された動き」に重点を置き、解説を行っています。

　本書を手に取られた方は、YouTubeやSNS、テレビなどの様々なメディアを通して、初めて合気道や白川竜次を知ったという人、長年合気道の稽古をしている人、あるいは、他の武道・武術の稽古している人、美しい身体操作に興味がある人など、様々だと思います。

　ですから、本書はまったくの初心者でも合気道を学べるように、基本動作から受身、基本技はもちろんのこと、合気道への理解を深めるために、合気道独特の稽古法の意味や効果についての解説もおこなっております。

　また、私のこれまでの様々な経験を通した稽古への考え方や、しなやかで強い身体を作るための柔軟体操やトレーニングなども載せております。

　さらに、「技の動作」と「技の解説」が、いつでもどこでもスマホで簡単に視聴できる【動画のQRコード】も付けております。

　本書、「美しい合気道」が、合気道への理解を深め、稽古を始めるきっかけや、美しい動きをするためのヒント、皆さまが実践されている分野での稽古の一助となれば、作者としてこれ以上の喜びはありません。

Contents

はじめに …002

[Topics 1] 合気道とは？ …006

Chapter 01 構え ——————————— 009
半身の構え …010／相半身と逆半身 …012
[Topics 2] 合気道の捌き …014

Chapter 02 基本の捌き ——————————— 015
入身 …016／転換 …018／転身 …020
[Topics 3] 手首関節柔軟運動 …022

Chapter 03 手首関節鍛錬法 ——————————— 023
小手返し運動、小手回し運動 …024／二教運動、三教運動 …025
[Topics 4] 膝行 …026

Chapter 04 膝行 ——————————— 027
膝行 …028
[Topics 5] 受身とは？ …030

Chapter 05 受身 ——————————— 033
後ろ受身 …034／後方回転受身 …036
前方回転受身 …038／横受身 …040
[Topics 6] 飛び受身について …042
飛び受身 …044
[Topics 7] 正面打ちとは？ どんな攻撃方法？ …046
[Topics 8] 正面打ちの稽古の意味とは？ 形稽古を考える …047
[Topics 9] 合気道の（表）と（裏）について …048

Chapter 06 固め技 ——————————— 049
正面打ち第一教（表）…050／正面打ち第一教（裏）…052
正面打ち第二教（表）…056／正面打ち第二教（裏）…058
正面打ち第三教（表）…062／正面打ち第三教（裏）…064
正面打ち第四教（表）…068／正面打ち第四教（裏）…070
肩取り第二教（表）…076／肩取り第二教（裏）…078
[Topics 10] 座り技とは？ 何のために稽古をするのか？ …082

Chapter 07 座り技 ——————————— 083
座技 正面打ち第一教（表）…084／座技 正面打ち第一教（裏）…086

Topics 11 合気道の関節技と健康効果 …090
Topics 12 稽古で片手を掴む理由とは? …091

Chapter 08 投げ技［基本編］ ——————— 093

片手取り小手返し …094／片手取り四方投げ（表）…100
片手取り四方投げ（裏）…102／正面打ち入身投げ …106
片手取り回転投げ（内回転）…112／片手取り回転投げ（外回転）…114
Topics 13 合気道の技は何種類あるのか? …118
Topics 14 当身とは …120

Chapter 09 投げ技［応用編］ ——————— 125

横面打ち四方投げ（表）…126／横面打ち四方投げ（裏）…128
横面打ち天秤投げ …132／横面打ち入身投げ …136
両手取り天地投げ（表）…140／両手取り天地投げ（裏）…142
Topics 15 呼吸投げとは …146
Topics 16 呼吸投げを考察する …147
諸手取り呼吸投げ …148

Chapter 10 鍛錬法・剣・杖 ——————— 152

Topics 17 合気道とトレーニングについて …154
白川竜次を徹底解剖 Part 1 …158
剣の素振り …160／杖の素振り …162

Chapter 11 呼吸法・呼吸力 ——————— 164

Topics 18 呼吸力とは? …166
Topics 19 呼吸法とは? …167
諸手取り呼吸法 …168／座技呼吸法 …172

Chapter 12 柔軟体操 ——————— 176

前屈と開脚 …178／仰向け割り腰とコブラ …179
Topics 20 上達するには …180
白川竜次を徹底解剖 Part 2 …182

Chapter 13 自由技 ——————— 185

様々な自由技 …186

Topics 21 海外指導について …188
Topics 22 YouTube活動への思い …194

最後に …197

合気道とは?

合気道とは、武道家・植芝盛平（1883 ～ 1969）が日本古来の柔術・剣術など各流派の武術を修行研究し大正末期から昭和前期にかけて独自の精神哲学でまとめた武道です。

技術としてはテコの原理や円の動き、合理的な体の運用により体格体力によらず相手を制することが可能であるとしている点が特徴です。

また植芝盛平翁は合気道の創始者ですので、合気道界では「開祖」と呼ばれています。

開祖は不世出な天才武術家であり今の世の中では信じられない超人的なエピソードが沢山あります。

ピストルの弾を避けた、30人の憲兵隊の襲撃を1人で返り討ちした、ボクサーのチャンピオンのストレートを鷲掴みした、柔道王者に小指を掴ませて組み伏せたなど様々な神技エピソードがあります。

また開祖は若い頃から武術に優れており徴兵検査に合格して軍隊に入隊し、兵隊訓練の中で銃剣術で類まれな才能を発揮して「兵隊の神様」と呼ばれるようにもなりました。

合気道の理念と精神性の特徴としては、試合を行わずに相手と争わない事、武力によって勝ち負けを争うことを否定し、愛と和合、調和を大切にする心身の錬成を図るのを目的としている点が大きな特徴です。

武術とはしては一見相反する「愛」や「和合」という概念は、教派神道・大本教の出口王仁三郎氏との邂逅や戦争体験、開祖の様々な修行や実戦を通して最終的に導き出した精神哲学であるとも言えます。

合気道開祖・植芝盛平

白川竜次

Shirakawa Ryuji

合気道家。
東北最大の会員を有する合気道神武錬成塾の道場長。
合気道世界大会日本代表。毎年世界10カ国以上から招聘を受け1年の4分の1は
海外指導に赴く世界で活躍する気鋭の合気道家。
自身のYouTubeの登録者数は36万人でSNSの総フォロー数が60万人以上。
一流の格闘家、プロレスラー、武術家など武道武術の垣根を超えて交流し世界で注目を集める。
NHK「明鏡止水〜武のKAMIWAZA〜」をはじめ、TBS「ラヴィット!」、
日本テレビ「ニノさん」など各種TVメディアにも多数出演。

構え

【 半身の構え 】

右半身

目付（視線）は一点にとどめずに相手の全体を見るようにする

合気道の構えは「半身」となります。
自然な立ち姿から右足を半歩前に出した姿勢が右半身、
左足を半歩前に出した姿勢が左半身となります。

左半身 横

両足の向きはほぼ直角
前足のつま先は真っすぐ

【 相半身と逆半身 】

①

相半身

自分が右半身で相手も右半身だと相半身

相手と相対した時、相手と同じ半身で相対する事を「相半身」。
相手と違う半身で相対する事を「逆半身」と言います。

② 逆半身

自分が左半身で相手が右半身だと逆半身

合気道の捌_{さば}き

合気道には「入身_{いりみ}」「転換_{てんかん}」「転身_{てんしん}」と３つの捌きがあります。

【入身】は相手の攻撃に対してすれ違うように踏み込み、相手の側面、死角に入り込む動作です。
半身から一歩踏み込んで相手の死角に一気に入ることを「入身一足」と言います。

【転換】は相手の攻撃を回転してかわし、相手の側面に入る動作です。
単独動作では前足を軸にそのまま回転をしますが、相対動作で相手がいる場合は転換を単独で使うことは少なく、入身（一歩踏み込んで）をしてから転換するのが通常の捌きとなります。

【転身】は体を横に開いて相手の攻撃を回転してかわす動作です。
つまり相手の攻撃に対して内側に入り、回転して捌く動きとなります。

合気道の捌きの特徴は丸い円運動と言われています。
この円運動というのは平面の動きではなく、球体と螺旋の動きになります。
自分を中心に相手を回す、または巻き込む動き、そして相手を中心として自分が外周する動きなど、そこには球体による円の動きと螺旋の動きが入り混じっています。
円運動は自分の中心となる軸がしっかりしていないと、軸がグラついて不安定な回転運動になってしまいます。
コマを想像していただければ分かり易いと思いますが、コマは中心となる軸がしっかりしているから良く回ります。
どの体捌きも自分の身体の中に一本の軸が通っているようなイメージで、姿勢を意識して中心軸をしっかり保つことが重要となります。

基本の
捌き

【 入 身 】

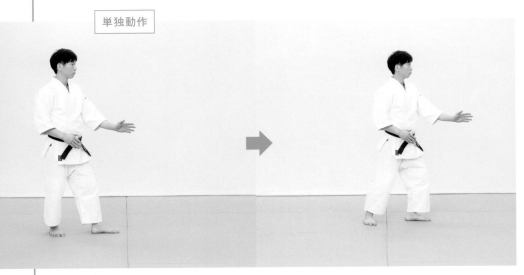

単独動作

左半身 入身

相対動作

① ② ③

突きに対する入身

相手の攻撃の線を外して
前進して死角に入る動きを入身と言います。

右半身 入身

杖の突きに対する入身

【 転　換 】
<small>てん　　かん</small>

単独動作

相対動作

① ②

片手取り転換

相手の攻撃を回転してかわし、
相手の側面に入る体捌きを転換と言います。

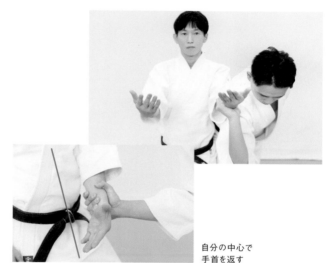

自分の中心で
手首を返す

【 転 身 】
てん　しん

横面打ちに対して転身

片手取りに対して転身

相手の攻撃に対して体を横に開き
内側で回転して捌く動きを転身と言います。

手首関節柔軟運動

合気道には相手の手首を捻る「小手返し」や、手首関節を極める「二教」や「三教」という技があります。

合気道は手首関節に負担がかかる技があるので、怪我の防止や関節が強く柔らかくなるように一人で出来る関節の柔軟運動があります。

それは小手返し運動・小手回し運動・二教運動・三教運動などです。

これらは手首、肘、肩関節のストレッチになるので正しく行えば着実に関節が柔らかくなります。

手首関節をゆっくり伸ばしていくと手首周辺の血流が促進され健康に良いです。

また健康面だけでなく、自分の手首が柔らかくなることは合気道を稽古する上でとても大切です。

手首が柔軟であるということは、手首の可動範囲が大きく、どの方向にも動くということです。手首の自在性が高くなり、相手の関節技に対しても強くなります。

合気道の稽古を全くしていない人は、手首を軽く捻られただけで激痛により倒れてしまう場合もあります。

また激しい稽古では、瞬間的に手で強く畳を叩いたり、手を畳につける動きがありますので、そのときに手首が固いと怪我をしてしまうリスクがあります。

手首が柔軟であるということは、怪我の防止だけでなく、自分が取りで技をかける場合でも有効です。相手を投げるとき、抑えるときに自分の手首を柔軟に使えるというメリットがあるからです。

手首関節柔軟運動はストレッチでもあるので、正しい姿勢と呼吸も大切な要素です。

まずは姿勢です。

手首を捻る際に自分の中心軸をしっかり立て、出来るだけ姿勢を真っすぐに保ち、身体が傾かないように捻ります。

また無呼吸で強く捻り、関節に圧力を掛けるのではなく、息を吐きながらゆっくり捻ったり落としたりして関節に圧力をかけていきます。

現代人は勉強やデスクワークなどの時間が長く、手首関節を大きく使う機会が少ないので、手首関節が固い人が多くなっています。

これらの運動は一人で簡単に気軽に出来るので、健康のためにも、強く柔らかい関節を作るためにも良い運動となります。

【 Beautiful
AIKIDO 】

Chapter

03

手首関節
鍛錬法

【 手首関節鍛錬法 】

小手返し運動

右手親指を左手薬指の付根に当て中心で手首を返す

小手回し運動

脇を締めて胸の前で手首を折り曲げる

動作は左右均等に行う。

二教運動

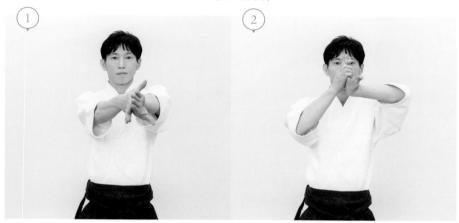

肘を曲げて小指側が自分の顔に来るように手首を捻る

三教運動

小指側を掴み肘が上がるように回しながら捻る

膝行

膝行とは跪坐（正座からつま先を立てた姿勢）になり座った姿勢で前進、後進、転換、回転などを行う移動法を言います。合気道には、正座をした状態から技を行う「座り技」があり、その座り技を行うときに膝行を使います。

日本はもともと「腰かけ」ではなく「床に座る」文化ということもあり、武術の中でも座り技が発達してきました。

膝行を使い、座り技で立ち技と同じように動けなくてはなりませんので、前に移動する前進はもちろんのこと、後ろに移動する後進、回って捌く転換や回転なども膝行で動けるように稽古していきます。

膝行は見た目以上に難しく、よどみなくスムーズに移動できるようになるには沢山の稽古が必要です。

綺麗な膝行のポイントは、背筋を伸ばして肩を上下左右に揺らさないことです。また膝行は膝も痛めやすいので注意が必要となります。

現代生活は椅子に座っていることも多く、正座することは少なくなりました。

文明の発達のお陰で便利になり日常生活の中で身体を動かす機会が減り、筋力も衰えて身体の固い人が多くなってきています。

昔は日常生活の中で身体を使う事が多かったため、生活の中で自然と身体が鍛えられました。

和式トイレで用を足す動作は、見方を変えれば深いスクワット運動でもあるので、昔はトイレをするだけでも下半身の筋力と足首の柔軟性がある程度鍛えられたのです。今は和式トイレもほとんどなくなりましたので、しゃがんで座れないという人もいます。

膝行は強い足腰の鍛錬にもなりますが、膝行にはふくらはぎや足指、足首、股関節、腰椎などの柔軟性と筋力が必要ですので、それらの柔軟性と筋力がない状態で膝行を長く行うと膝に負担が掛かります。

膝行は自分の身体の状態を観察しながら無理のないように稽古の中で少しずつ続けていくことが、大事なポイントとなります。

膝行

【 膝行 】

① ②

悪い例

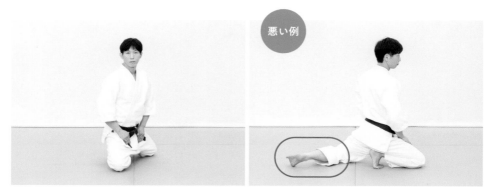

半身を作り背筋を伸ばす

後ろ足が残っている

座った状態のまま足首を立て、腰の回転と
膝を使い移動する動きを膝行と言います。

③　④

跪坐

足の指を立てお尻を踵に付ける

受身とは？
受身の重要性
合気道独特の受身の【概念】と【役割】

受身とは相手に投げられたり倒されたときに衝撃を緩和させて怪我をしないようにするための大事な技術です。

特に頭（後頭部）を守ることが大切で、もし後頭部を地面に強く打ちつけてしまえば重大な怪我につながります。

受身は自分の身を守るためのとても大切な技術であり、特に投げ技のある武道にとっては怪我をしないで稽古を続けていくためにも受身は大変重要となります。

合気道にとっての受身の役割は、身を守るためだけではありません。

そこには合気道独特の概念があります。

合気道では受身をする側を「受け」と呼びます。

本来「受け」とは相手の攻撃を防ぐための「防御」となります。空手をイメージすると分かりやすいと思いますが、相手の攻撃のダメージを少しでも減らすために上段受け、回し受けなどの技術を使い、相手の攻撃をブロックします。

つまり「受け」＝防御・ブロックという概念です。

しかし合気道の「受け」の概念は少し違います。

防御をするのではなく相手の技を「受け入れる」という独特の考えがあります。

もちろん、相手の甘い技を全て受け入れるという意味ではありません。技が効かなければ倒れる必要はありません。

合気道の「受け」の考え方として「受け入れる」という要素を含んでいること、この意味はとても興味深いと考えています。

柔道で言えば、乱取りや試合で「受身を取ること」は「負け」を意味しますので、競技においては受身を自ら取るようなことはしません。レベルが上がれば上がる程、極限まで体を捻ったり、手をついたりして相手のポイントにならないように無理をしてでも受身を取らないように努めます。「受け入れること」は競技においては「負け」を意味するとも言えるからです。

もちろん合気道以外の武道武術でも「受け入れる」要素を含んでいる「受身」があると思いますが、合気道ほどそれを重視している武道は少ないと思います。

なぜ合気道の受身は「受け入れる」ことを重視しているのか？

その理由の1つは試合がないことです。試合がなく、勝ち負けを重視しませんので、相手の攻撃を受け入れて綺麗に受身を取っても何の問題もありません。試合であれば受身を取ることがすなわち負けになるので、受身を取ることは最終手段になります。もちろん、競技であっても指導者からは怪我をしないように、危ないときは受身を取ってしっかりと投げられるようにとの指導もあると思います。しかし、そこには理想と現実があります。戦いのステージが上がれば上がる程、その勝敗が重くなります。勝敗の結果次第で自分の人生が大きく変わることもあるので、怪我のリスクを感じたとしてもとっさに受身をしないという選択をする人がほとんどだと推察します。これが競技の難しさであり、厳しさでもあると感じています。

合気道には勝ち負けの概念がありませんので、怪我をしないために最初から受身を積極的にすることが出来ますし、それによって稽古の安全性が各段に高まります。

また技を受け入れる受身をすることで安全に稽古が出来るだけでなく沢山のメリットを得ることができます。

柔らかくしっかりと相手の技を受け入れる受身をすれば、強い身体を作る手助けになると私は考えています。受身を練習すれば分かると思いますが、受身はとても体力を使います。一人で受身を行っても沢山のエネルギーを使いますが、相手の技を受け入れれば受け入れるほど、相手の技の圧力を受けとめますので体力と筋力を使います。また身体が柔軟でないと相手の技を深く受け入れることは出来ません。つまり稽古で相手の技を深く受け入れて受身をすることで柔軟で強い身体を作るトレーニングにもなっているのです。

また、技を柔らかく身体に受け入れることで相手の力の流れを敏感に感じることができ、相手の技の感覚を学ぶこともできます。

受けを取ることは別の言い方では相手の技を盗むという意味でもあります。ですから、昔の武道家は簡単に技を見せることはなく、門弟であってもすぐに自分の受けを取らせることはしませんでした。受けを取らせることは、すなわち自分の技を相手に教えることと同等の意味を持つため、信頼できる愛弟子にしか受身を取らせなかったのです。

さらに「受け入れる受身」は、取り（技をかける方）にも大きなメリットがあります。相手に技を受け入れてもらうことで初心者でも自分がどのように力を出したら良いのかが分かりやすいですし、上級者になれば相手がしっかりと自分の力を受け止めてくれることでより一層強い力の出し方を学ぶことができます。

受け入れる受身をすることは、取りと受け（技をかける方とかけられる方）のどちらにも大きなメリットがあるのです。それは勝ち負けの優劣を争わない概念があるからこそその稽古方法であり、投げる技術、受ける技術、お互いが向上できる良い稽古方法であると思います。

ただし、受け入れる稽古には、気を付けなければいけない点もあります。
それは、受け入れる稽古を続けていると、少し触れただけで相手を倒せると思ったり、究極的は相手に触れないで簡単に投げられると勘違いをしてしまう可能性があることです。

実戦では、相手は合気道の稽古の時のようには技を受け入れてくれないので、稽古の時のように投げることはできないのだということを認識しなければなりません。何をもって実戦とするかは人それぞれ違うと思いますが、例えば競技や有事においては、相手は技をできるだけ受けない、受け入れない、防御、反撃をするのが普通です。

それをしっかりと認識しないと、稽古である程度自由に投げられるようになると、自分は簡単に相手を投げられる技術を持っていると、自分の力を過信してしまう可能性があるのです。

稽古においては、ある一定の条件が整えば、少し触れただけで相手が倒れるというような不思議な現象が起きることはあると思います。
しかし実戦においては、そのような現象が起こることは非常に厳しいのではないかと私は考えています。
この点を認識していないと、受け入れる受身に甘えてだんだんと馴れ合いの形だけのいい加減な稽古になってしまいます。
なぜ受け入れて受身をするのかという意味を深く考える必要があります。

稽古を通して何を学ぶか何を学びたいかという目的は人それぞれであり、それは自分の稽古の取り組み方次第で大きく変わっていきます。
どのような稽古であっても完璧な稽古方法は存在しないと思いますし、それぞれの稽古方法のメリットとデメリットを認識することで、より質の高い稽古をすることが可能になると思います。

【 Beautiful AIKIDO 】

Chapter

05

受身

【 　　後ろ受身　　 】

① ②

足を曲げて膝を畳につける
つま先を立てない

お尻を畳につける

後ろに倒れた時の受身

畳を叩く腕の角度は30度から40度

脇を開いて畳を叩かないように注意

悪い例

【 後方回転受身 】

足が肩の方向に抜けるように後方に回転する。 正確に後方回転受身を行うと前方回転受身と正反対の動きになる。

後方に回転しながら行う受身

④

⑤

④

⑤

【　前方回転受身　】

頭をしっかりと入れて縦に真っ直ぐに曲がらないように回転する

前方に回転する受身

手→肘→肩→腰の順に丸く畳に接地させる

【 横受身 】

① ②

⑤ ⑥

後方に回転せずに
横へ抜ける後ろ受身を横受身と言います。

飛び受身について

合気道の受身に「飛び受身」と呼ばれる、飛んで受身を行う高度な受身の技術があります。この飛び受身は相手に強く投げられた場合や、関節を極められた状態で投げられたときに大きく飛んで回転することで、手首や肘の負担を軽減し、衝撃を和らげる難しい受身の技術です。上級者同士の激しい稽古や演武で良く見る受身となります。

正確な飛び受身はダイナミックであり、自分の身を守るための役割だけでなく、そこには合気道独特の美しさを感じます。

合気道修行者なら一度はやってみたいと思う人も沢山いると思います。

しかし、この飛び受身は見た目以上に難しく、簡単に習得することは出来ません。

飛び受身は危険なため、道場によっては指導をしていないところもあると聞きます。

合気道の稽古に「飛び受身」が必須かどうかと言えば全くそのようなことはありません。私自身も道場生に対して飛び受身を推奨することはありません。

合気道は老若男女を問わず、誰でも安全に稽古ができる素晴らしい武道です。激しい稽古をする場合には安全のためにも飛び受身は必要ですが、「飛び受身」は大変難しい技術ですので、まだ技術が上達していないうちに、中途半端な飛び受身を取ろうとすると、受身で身を守るどころか逆に自分の身体を痛めてしまう可能性があります。通常の稽古をしていれば大きな怪我をすることはありませんが、飛び受身は失敗すると靭帯を痛めたり、強い打撲や骨折など、大きな怪我をするリスクがあります。

またしっかりと投げる前に自分勝手に飛んでしまう「タイミングの悪い飛び受身」は稽古の質を下げてしまい、組んでいる相手にも迷惑となります。

飛び受身は一部の上級者のための受身であり、しっかりとした指導者の下で練習をしないと危険です。また相手の投げに合わせた正確な飛び受身には瞬発力と筋力、柔軟性など身体作りにも関わってくるので一朝一夕に習得できるものではありません。

私の道場でも初心者の方が有段者の華麗な飛び受身を見て、自分でもやってみたいという人がいます。その気持ちはよくわかるのですが、まずは基本の前受身と後ろ受身を十分に身に付けてくださいと話しています。

厳しい言い方をすると、前受身や後ろ受身など基本的な受身が自由自在に正確に出来なければ、どんなに飛び受身だけを集中して練習しても本当の意味で飛び受身を習得することはできません。

飛び受身が上手な人は前受身も後ろ受身も得意です。飛び受身がしやなやかで美しい人は前受身もしやなやかで美しいです。同様に後ろ受身や前受身が固い人は飛び受身も固いです。飛び受身はあくまでも前受身の延長です。飛び受身を身に付けたいのであれば、遠回りに感じるかもしれませんが、まずは基本的な受身を徹底して練習して身に付ける必要があります。

【 飛び受身 】

大きな投げ技に対して
前方に飛んで回転する受身を飛び受身と言います。

正面打ちとは?
どんな攻撃方法?

合気道の稽古では相手に対して手刀で攻撃する「正面打ち」という攻撃方法があります。数十年前は、あまり合気道を知らない人から『これは「チョップ」ですか?』とよく聞かれました。
この攻撃はどこから来ているのでしょうか?

「正面打ち」とは自分の手を刀に見立て、相手の頭を狙って正中線を上から下に切り下ろすように行う攻撃方法であり、正面打ちは「刀を切り下ろす攻撃の動作」から来ています。
つまり刀で切る動作の代わりに手で刀を作って正面を切る攻撃をしています。
この正面打ちの打ち方がとても難しく、木刀を振るのと同様に、固く力みすぎてはいけません。
力を込めて固く打てば強く打てるように思えるかもしれませんが、力みがあると攻撃が遅くなりますし、攻撃の起こりも容易に分かってしまいます。
また、力みがあると肩に余計な力が入ってしまいます。初心者の正面打ちは、無駄な力が入り、肩が上がった状態で打つ場合が多いです。木刀を振るのと同じように肩の力を抜き、インパクトの瞬間だけ力を込めるように打つのが良いのではないかと私は考えています。そのような身体の使い方で攻撃すれば、横面打ちや突きに形を変えても鋭い攻撃が出来るようになりますし、身体操作を応用すれば横面打ちをボクシングの「フック」や空手の「鈎突き」に応用変化できる可能性だってあります。
「正面打ち」という攻撃方法が相手の正面を打つためだけの動作になってしまっていては、発展が見込めないと思います。また自分の手刀が相手の頭に届くように打つことも難しいです。間合いを調整して相手との距離感を掴むことも、大事な稽古の1つになっています。
現代の格闘技の攻撃方法とは全く違う合気道独特の正面打ちという攻撃方法は、その源流をさぐれば、どんな攻撃をしているのかが理解できると思います。あとはその形の攻撃の中で、何を学んでいくのかは自分の考えと工夫次第だと思います。
また「横面打ち」は相手の急所である、こめかみ部分を狙って斜めに切り下ろす攻撃であり、「突き」の動きは短刀で突き刺す動きから来ています。

※「チョップ」とはプロレスで使われる有名な手刀での打撃技の一つ。

正面打ちの
稽古の意味とは?
形稽古を考える

さきほど説明したように、「正面打ち」という攻撃は、剣を切り下す動作から来ており、手の刀（手刀）で相手を切り下ろす攻撃方法ですから、現代の格闘技者から見たら、そんな手刀で振り下ろす攻撃はありえないし、この稽古に一体何の意味があるのかと疑問に思う人がいるかもしれません。

たしかに現実にそのような手刀で攻撃することはほとんどありませんが、この正面打ちの攻撃は、武器を使って切り下ろして来る相手に対して、側面に入る入身の練習や自分の正中線への攻撃を避けるための練習と捉えることができます。また、正面打ち一教などの抑え技は、相手の正中線を崩し抑える練習と捉えることが出来ます。さらに正面打ちの稽古は武道武術でとても大切な「**相手の攻撃の起りを察知するための稽古**」だと私は考えています。

「形」の良いところは、学びやすく、稽古を続けていけば誰でもある一定の成果を上げることが出来る点にあります。この手刀での切り下ろす攻撃は合気道の動きを理解する上で分かりやすく、安全に稽古できる攻撃の形であると言えます。

また形の本質とは「**形を通して何を学ぶか**」であり、正面打ちを手刀での現実的な攻撃方法とだけ考えてしまうと学べることは意外と少ないと思います。

古から伝わる形には意味があります。形は先達が稽古を積み重ね試行錯誤した結晶でもあるからです。

形稽古の武道にとって、その形の本質を捉えないと片手を掴む意味や正面を打つ意味が失われ、そんな攻撃は実戦にはないから学ぶ必要がないというような思考につながってしまうと思います。

「形を通して自分は何を学ぶのか」、「何を学んでいるのか」を真剣に考えながら稽古していかないと形から学べることは少なく、形はあくまで形のままで終わってしまうのではないでしょうか。

合気道の
（表）と（裏）について

世の中には陰と陽、光と影、コインの表と裏があるように、合気道では技の種類は同じでも「表技」と「裏技」に分ける場合があります。「裏技」と聞くと何か特別な技だと考えてしまうかもしれませんが、実はそうではありません。簡単に説明すると、同じ技でも相手のお腹側・正面に入って崩すと「表」となり、背中側・背面で崩すと「裏」と分類されます。

なぜ同じ技で二つの崩しがあるのかと疑問に思うかもしれません。

その理由は相手との「力の流れ」は常に動いており、止まっていないからです。たとえば相手が自分の片手を掴んだとします。通常なら相手は片手を掴んだままじっとしていることはありません。掴んだ手を押したり、引っ張ったりすると思います。

その力の流れに合わせて、力と力がぶつからないように見極めて相手の前側に崩す「表技」が良いのか、背面で崩す「裏技」が良いのかを見極めます。

「正面打ち一教」の技で考えるなら、相手に強く打たれ押し込まれた時は、そのまま前に押し返してしまうと力と力がぶつかってしまうので、その場合は後ろ側に流す「裏技」が適していると言えます。相手の手刀にまだ力が乗る前や、自分から当身をして相手の姿勢を崩すのであれば「表技」が適していると言えます。

形を通して表と裏の動きをしっかりと身に付けた後には、力と力が衝突しないように表と裏を使い分けることが重要だと考えます。

固め技

【 正面打ち第一教（表）】

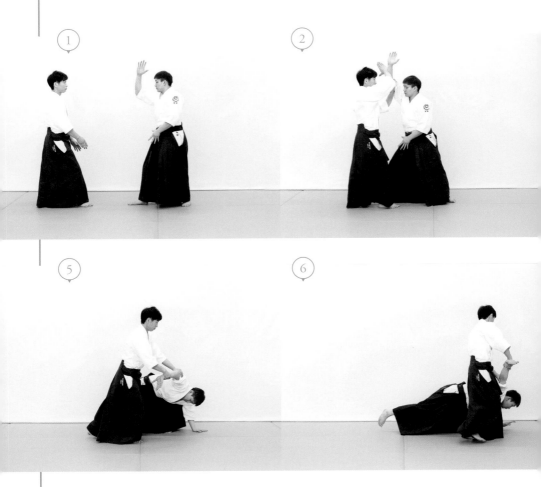

第一教は相手の肘と手首を掴み
うつ伏せに抑える固め技です。
表技は相手の腹側に入って崩します。

【 正面打ち第一教（裏） 】

裏技は相手の背中側に入り転換を使い崩します。

正面打ち第一教の ポイント

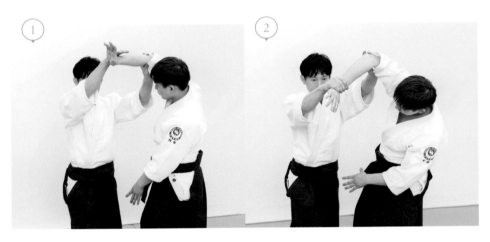

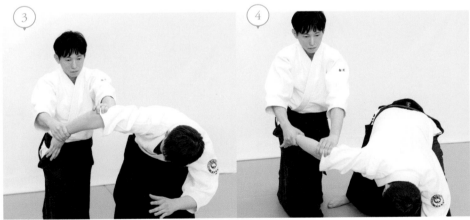

弧を描くように丸い軌道で相手を崩す

相手の脇を90度以上に開く。
自分の膝は
相手の脇腹と手首につける

足は跪坐。
足指を立てて
踵をお尻につける

手の平を上に向けて
手首と肘を掴んで抑える

【 正面打ち第二教（表） 】

第二教は第一教の流れで、手首を回し
手首と肩の関節を極めて抑えます。

③

④

⑦

⑧

【 正面打ち第二教（裏） 】

第二教（裏）は転換の流れから
手首関節を極めて固めます。

表技解説

正面打ち第二教の
ポイント

［第二教の手首の持ち替え方］

① ②

直ぐに手首を掴まずに手刀で受けの腕を切り下ろしながら回転させて手首を掴む

③ ④

相手との手首の接点を切らないように回す

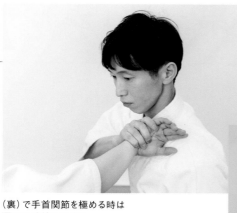

（裏）で手首関節を極める時は
肩口に手首をつける

親指で相手の
親指の付根を抑える

脇を締める

下方向に力を入れて手首を極める

肩、肘、手首を密着させて抑える

膝で相手の肩を挟む

【 正面打ち第三教（表）】

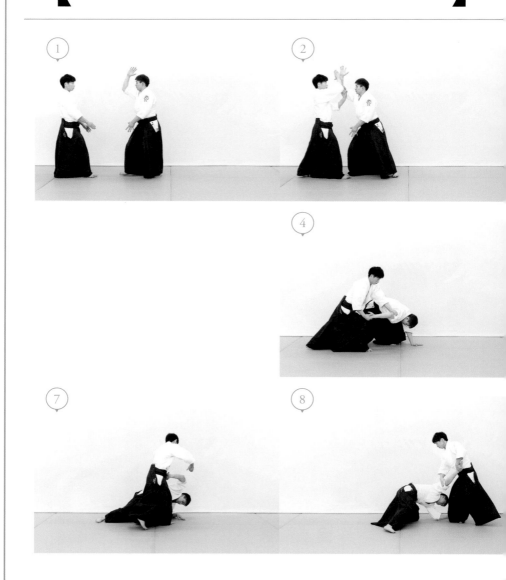

第三教は第一教の流れから手を持ち替え、
相手の手の小指側を捻り極めて抑えます。

③

⑤

⑥

⑨

⑩

【 正面打ち第三教（裏） 】

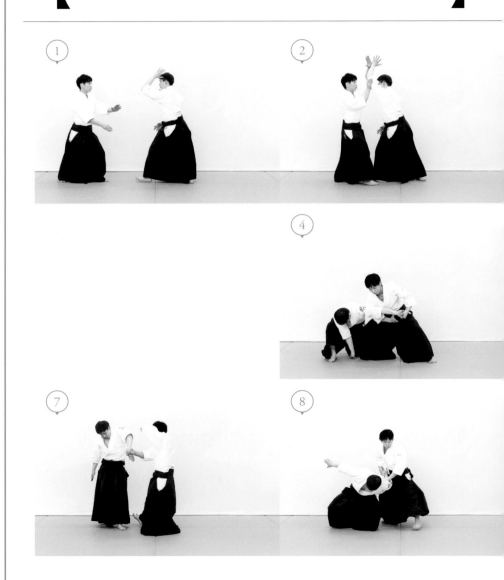

第三教（裏）は転換の流れから相手の手の小指側を捻り
手首を極めて抑えます。

③

⑤ ⑥

⑨ ⑩

表技解説

正面打ち第三教の
ポイント

［第三教の崩し方］

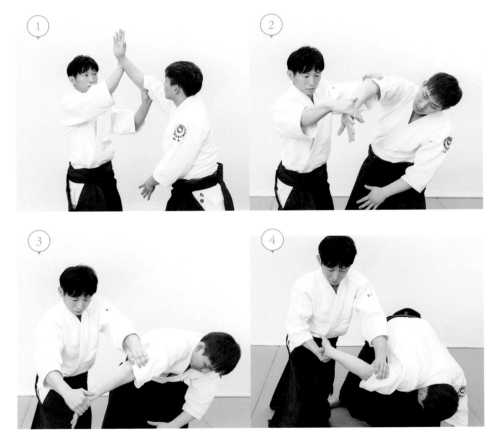

手刀から切り下ろして相手の手の小指側を掴み、内側に捻る

裏技解説

［第三教の掴み方］

親指で相手の親指付根を握る。
手の平を相手の手の甲に
密着させて四本の指で
小指側を掴む

［極め方］
両手で自分の正中線から
ずれないように捻る

手首を捻りながら
肩と肘を抑え極める

【 正面打ち第四教（表）】

第四教（表）は相手の手首の脈部を圧迫して抑えます。

③

④

⑦

⑧

【 正面打ち第四教（裏） 】

第四教（裏）は転換をして相手の腕の親指側にある
骨部分（橈骨）を圧迫して抑えます。

③

④

⑦

⑧

表技解説

正面打ち第四教のポイント

[表の抑え方]

脈部に人差し指の付根をあて力を一点に集中させる

表は人差し指の付根を使う

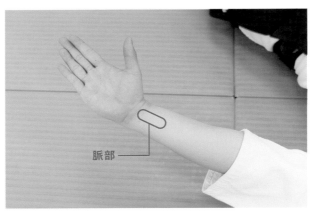

脈部

表は脈部を抑える

［裏の抑え方］

裏は人差し指の付根の横の骨を使う

自分の中心で橈骨に手を当てる

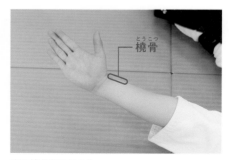

橈骨
_{とうこつ}

裏は橈骨部を抑える

［第一教から第四教までの抑え方］

第二教

第四教

【 肩取り第二教（表） 】

肩取り二教（表）は当身から転身を使って
丸く捌いて抑えます。

③

④

⑦

⑧

【 肩取り第二教（裏） 】

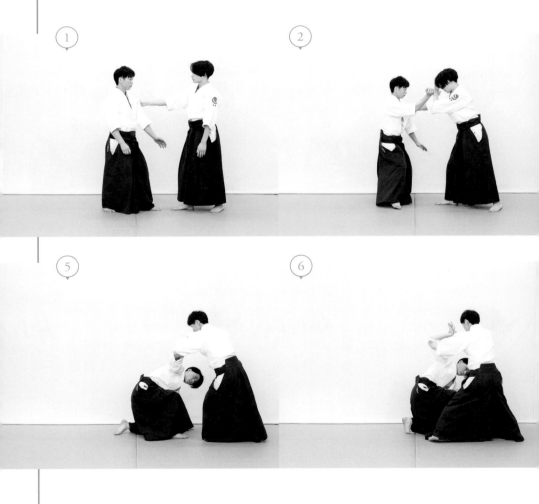

肩取り二教(裏)は当身から側面に入り
転換を使って崩し手首を極めて抑えます。

肩取り第二教の
ポイント

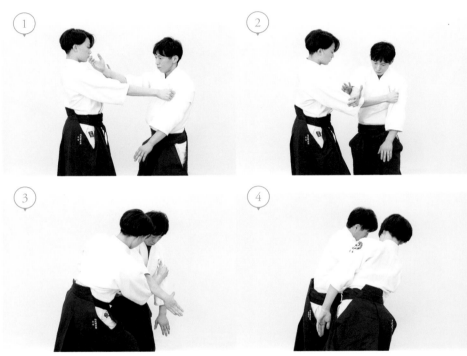

表は転身を使って丸く捌く

掴まれた手を外す時は相手の親指の付根を抑える

片手取りで掴まれた手を外す時も同様

裏は側面に入って捌く

当身を使って崩す

座り技とは？
何のために稽古をするのか？

合気道には座ったまま技を行う座り技という特徴的な稽古方法があります。

この座り技の起源は所説あり、よく言われているのは殿様の前で立つことを許されなかった殿中での作法から生まれたとされる「御式内」や「殿中武術」と呼ばれるものですが、殿中武術というものが存在した正式な記録はないとも言われています。

殿中で着用する長袴は、当時の武士の正装であり、そのために膝行はおろか長袴のために自分の袴でつまずいたり、間違って他人の袴を踏むという失態も起きたようです。いずれにせよ、座り技は日本の「座り文化」から生まれた日本武道の独特な技術だと思います。

そもそも生活の中で椅子を使い正座をする習慣のない西洋では決して生まれない技法であり、日本の床に座るという文化の中で相手が立って自分が座った状態、またはお互いが座った状態からの攻撃を想定した稽古方法となります。

また、開祖・植芝盛平翁はこの「座り技」を大変重視しておりました。

「開祖は稽古時間の3分の1以上は座り技を行っていた」、「入門者が来ると必ず座り技から稽古させた」、「弟子たちが座り技の稽古をしているのを見ると大変機嫌がよかった」という開祖の高弟の証言があります。

座り技を稽古するメリットは、下半身の鍛錬や粘り強い腰が作られることにあります。また、座り技がスムーズにできるようになると立ち技は容易になるとも言われています。座り技は、立ち技とは違い動きが制限されるので、特に下半身の身体操作が上手くできないと技の形を作ることが難しいからです。

デメリットとしては、膝に大きな負担が掛かるので、膝を悪くする可能性があることです。長年合気道を稽古している人の中には膝に問題を抱えている人も多く、座り技をほとんど稽古しないという道場もあると聞きます。

特に現代は身体が固い人が多く、正確な跪坐※の姿勢が作れない方もおられます。

股関節や足首が固い状態で、無理に膝行や座り技の稽古を続けていると膝を痛めてしまう可能性があります。座り技をするために膝にサポーターを付けている方もおられますが、正しい姿勢や身体の状態が出来ていれば膝の負担はぐっと軽くなります。

たとえば足首や股関節の十分な柔軟性を保つこと、体重をかける方向と膝の向きを一致させて動くこと、自分の身長と骨格にあった適度な体重を保つこと（体重が重ければそれだけ膝に負担が掛かります）などが重要だと考えます。

座り技のメリットとデメリットを考えて、自分の現在の身体の状態を見て、上手に座り技と向き合って稽古していくということが大事だと思います。

※跪坐：正座したまま足首を立ててお尻と踵を付けて座る姿勢

【 Beautiful AIKIDO 】

Chapter

07

座り技

【 座技・正面打ち 第一教（表） 】

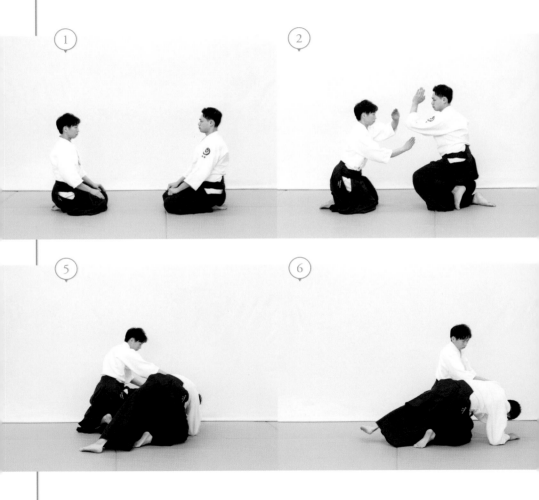

立ち技の第一教を膝行を使い
座った姿勢で行います。

③

④

⑦

⑧

【 座技・正面打ち 第一教（裏） 】

膝行で転換を使い第一教（裏）を行います。

③

④

⑦

⑧

表技解説

座技第一教の
ポイント

下から入り前進して受ける

悪い例

後足が残る

裏技解説

脇を締めて
正中線を守る

正中線を意識して抑える

悪い例

遠くから引っ張らない

合気道の関節技と
健康効果

合気道には手首や肩、肘などを極める関節技があります。

しかし、合気道の稽古で行う関節技はいわゆる格闘技や他の武術とは違う目的があります。

通常、関節技は関節を極めれば極めるほど関節を固くしてしまい痛めてしまいます。

合気道は開祖・植芝盛平翁が合気道の稽古は**「関節のカスを取るもの」**と仰いました。関節の「カス」とは、骨と骨の間の関節のしこりや筋（スジ）、筋肉の硬さなどです。そのような関節の硬さがあると大事な血流が滞ってしまい、その部位の機能が低下して十分な力が発揮できないことにもなります。それを現代風に分かりやすく解釈すれば、関節技を通して関節を曲げたり伸ばしたりすることで各関節のストレッチ運動となり、血流が良くなることで、関節がしなやかに柔軟になっていくと言うことになります。

それでは合気道はただのストレッチ運動なのかと言うとそんなことはありません。合気道は武道なので、関節技に大きな破壊力を持っています。力を1点に集中して瞬間的に技をかければ、相手の関節は柔らかくなるどころか大怪我をしてしまいます。

このように本来、関節技は相手の関節を破壊する技ですので、まずはしっかりと技を効かせられるようになることが大事です。それができるようになったら関節を柔らかく深く極める稽古を行います。そして受けも固く受けるのではなく、呼吸を止めないで柔らかく深く受けられるように心がけます。そのように稽古を行えば、取りは関節をより深く極めるポイントや感覚を掴むことができますし、受けは技を柔らかく受けることで関節や筋、腱、靭帯などの柔軟性が高まってきます。

質の高い稽古を行うことで、関節を痛めるどころか関節が柔軟になる可能性があるのです。形稽古の中で相手の関節を壊し、強い痛みを与えるのは稽古を積み重ねていけば結構簡単なことであり、痛がらせて倒すのは初歩の初歩とも言われています。理想はいつでも極めて壊せる技術を身に付け、稽古ではお互いに柔らかく健康的になるように技を極めていく。

合気道は**「壊すのではなく相手を活かす」**稽古が出来れば良いと私は考えております。

稽古で片手を掴む
理由とは？

合気道では片手を掴んで稽古するのが基本となっています。
合気道以外の武道・武術、格闘技をしている人から見れば、「なぜ合気道は相手に片手を掴ませるところから稽古するのか」と疑問に感じると思います。
空手やキックボクシングなどの格闘技では相手の片手を掴んで攻撃することなんて考えられません。

この片手を掴ませる稽古はどこから来たのでしょうか？
合気道という武道が作られた源流を探ればその答えが出てきます。
合気道は開祖・植芝盛平翁が日本古来の柔術・剣術など研鑽して生み出した武道です。
日本古来の実戦とは、現代の格闘技で行われている素手対素手の戦いではなく、武士が刀や武器を持って戦うことが実戦でした。生きるか死ぬかの戦において素手で戦う人はいないと思います。太刀対太刀を代表とする武器と武器の戦いの中で、自分の刀が折れたり、刀を失ったときに初めて無手（手に武器を持たない）での戦いとなります。

自分が素手で相手が刀を持っている場合は、素手の方が圧倒的に不利なので、刀を抜かせまいと相手の手を掴む、または既に抜いた刀を振らせないように相手の手を掴みました。
そこから相手の腕を掴む「片手取り」や「両手取り」が始まったと考えられています。
そのため、合気道の源流とは武器対素手の戦いの中で、自分の刀を自由に使わせまいと相手が片手や両手を抑えたときに行う技、そして自分が素手で相手の刀などの武器を奪う技が元になっているのです。
つまり合気道の源流は「**武士が腰に太刀を帯びていること**」を前提としていたのです。
これが素手対素手を想定した現代格

闘技との大きな違いとなっています。

このように合気道の源流をたどれば、「なぜ相手の片手を掴むのか」という理由が明確になります。

また、この片手を掴むという稽古方法には様々なメリットがあります。

初心者がいきなり相手のパンチや突き、打撃を捌いて技をかける稽古は難しいだけでなく、危険で怪我をするリスクがあります。また打撃技に対して柔らかく繊細に技をかけていくのは上級者の稽古方法であり大変難しいです。その点、片手を掴んだ状態から稽古を行うと初心者から上級者まで、誰でも安全性を保ちながら安心して様々な技術を学ぶことができます。

相手に手を掴まれているということは、相手と自分の手が繋がっている状態です。そのため、相手との力の流れが分かりやすくなり、体重移動や重心の位置、手捌きや体捌きなど相手の力とぶつからない動きを探りながら稽古することができます。

また、片手を掴むことで掴む方も相手の力の流れをダイレクトに感じることができるので、技を掛ける方も受ける方も、同時に力の流れや身体感覚を繊細に磨くことができます。

片手取りのように相手と接触した状態で行う稽古方法は伝統的な中国武術などにも見られ、太極拳の推手や、詠春拳などにも代表される中距離戦闘の技術を学ぶ稽古方法では「接触法」とも呼ばれており、相手と接触した状態で安全性を保ちながらお互いの力の流れや感覚を繊細に磨いて稽古できるという大きな特徴があります。

私は、誰でも安全に安心して技を磨ける「片手取り」を、素晴らしい稽古方法だと感じております。

投げ技
［基本編］

【 片手取り小手返し 】

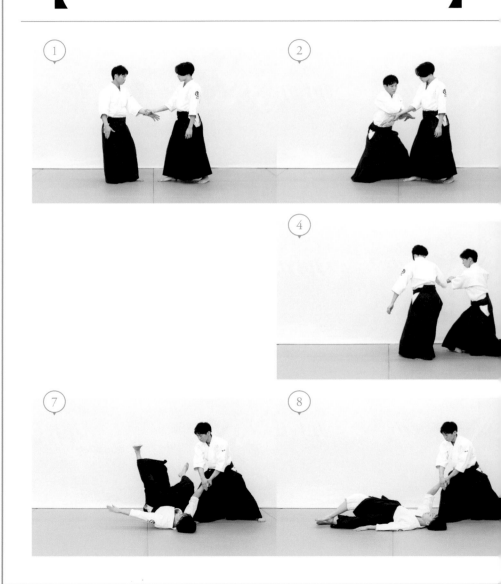

小手返しは相手の小手（手首）を掴んで、
返して投げ倒れた相手をうつ伏せに制します。

片手取り小手返しの
ポイント①

［掴まれた手の外し方］手ほどき法

外し方の基本は小指側から肘を出すように手を使う

引っ張って手を外すのではなく、掴まれた反対の手を差し込んで
転換の動きを使い身体の軸の回転を利用して手を外します

[小手の掴み方]

小手を掴む時は
薬指と小指の間に
親指をおいて掴む

自分の中心で
手首を返す

相手の手の甲に
自分の手をかぶせて
手首を返す

片手取り小手返しの
ポイント②

［最後の立ち極め］

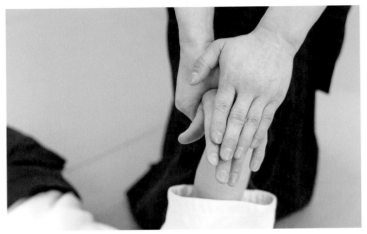

立って極める時も相手の手の甲に手をかぶせて返す

自分の膝を相手の腕に密着させて手首と肩を極める

投げた後は立ち極めでうつ伏せに制する

短刀取り小手返し

立ち極めを覚えると短刀取り小手返しに応用出来る

【 片手取り四方投げ（表）】

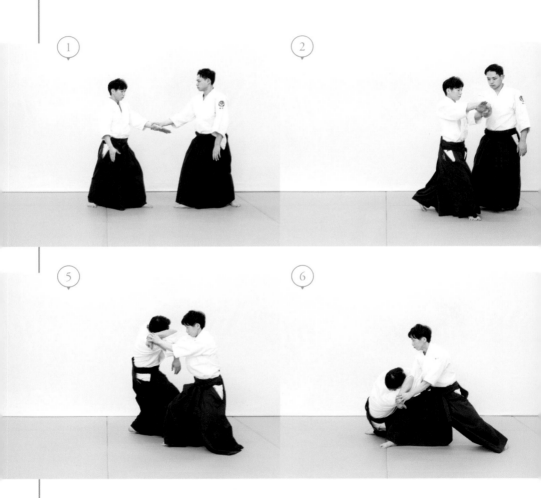

四方投げは相手の片手をくぐり肩口に折り込んで、
剣を切り下ろす動きで投げる技です。

【 片手取り四方投げ（裏）】

四方投げ（裏）は転換を使って片手を肩口に折り込み、
剣を切り下ろす動きで投げる技です。

表技解説

片手取り四方投げの
ポイント

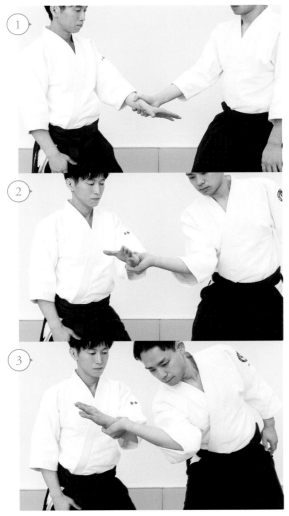

手を返し相手の手首の脈部を自分の中心に持ってくる

裏技解説

自分の中心で
相手の手首を掴む

振りかぶりは
おでこの位置まで

良い例

縦に肘を折りたたむ

悪い例

肘を曲げて固めると危険

【 正面打ち入身投げ 】

入身投げは相手の攻撃線を外して側面（死角）に入り、
転換や重心移動を使って崩し腕を内旋させて
振り落として投げます。

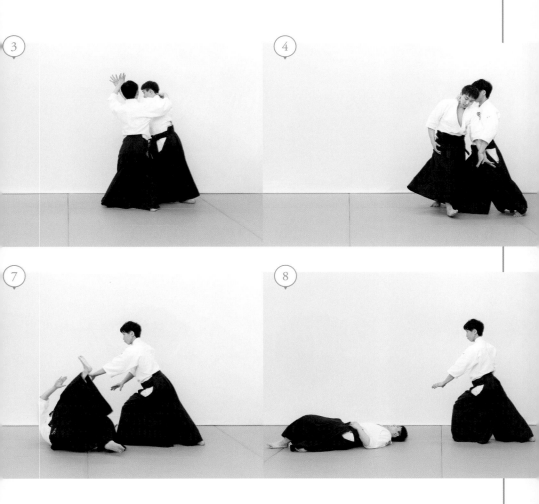

正面打ち入身投げの
ポイント①

良い例

脇を締めて相手の首を肩口に寄せる

良い例

隙間なく手を密着させる

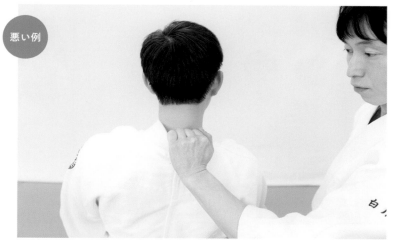

悪い例

襟を鷲掴みしない。繊細な手の使い方を心がける。
Tシャツや服を着ていない相手にも出来るように。

悪い例

腕を真横から首に当てない

正面打ち入身投げの
ポイント②

① ②

弧を描くように丸く切り下ろす

［応用の大きな崩し方］

① ②

相手を大きく崩す場合は斜め下方向に体重を掛けて崩します

解説動画

【 片手取り回転投げ （内回転） 】

回転投げ（内回転）は自分と相手の繋がっている
腕の中に回転しながら入り崩して投げる技です。

③

④

⑦

⑧

【 片手取り回転投げ（外回転） 】

① ② ⑤ ⑥

回転投げ（外回転）は掴まれた手を外側に回して
崩し投げる技です。

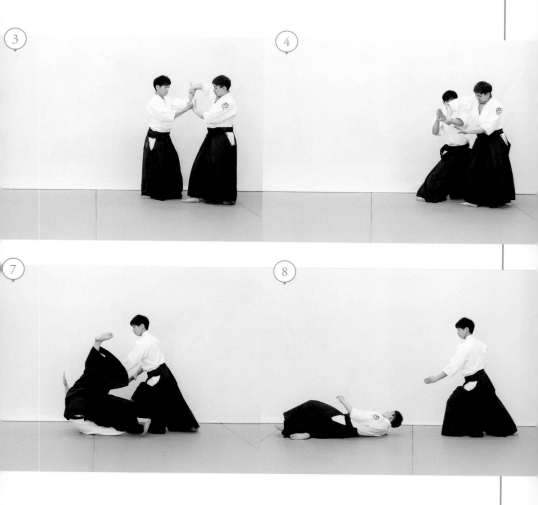

片手取り回転投げの ポイント

［内回転の崩し］

相手の内に入る時は当身を使う

頭と手を抑えて投げる

［外回転の崩し］

手を親指側から外に回す

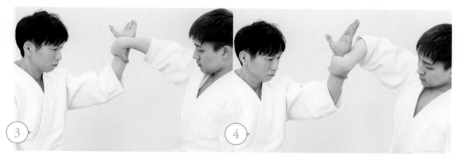

小指側から手刀で切り下ろす

合気道の技は
何種類あるのか？

合気道の演武では多種多様な投げ技を見る事ができます。

合気道の稽古をしている人や、合気道に興味をお持ちの方であれば、「一体、合気道にはどれくらい技の種類があるのだろう？」と疑問をもたれたことがあるのではないでしょうか？

結論から言うと合気道の技はなんと、**三千種類以上**あると一説には言われています。

あまりの多さにびっくりするかもしれません。ただ合気道の技の数え方は独特で、同じ技でも相手の攻撃方法が異なると1つの技にカウントされます。たとえば合気道の基本技の1つである相手の手首を捻る「小手返し」という技があります。技の種類を数える時に「小手返し」を1つの技とカウントするのではなく、【攻撃方法】＋【技名】の組み合わせで1つの技として数えます。相手が片手で掴んでくるのであれば攻撃方法は「片手取り」となり、技名は「小手返し」ですので、正式な名称は【片手取り小手返し】として1つの技にカウントされます。

相手の攻撃方法が「突き」であれば【攻撃方法】＋【技名】なので【突き小手返し】としてこれも1つの技になります。合気道の技は、このような数え方をしますので、1つの「小手返し」という技だけでも「片手取り小手返し、両手取り小手返し、正面打ち小手返し、横面打ち小手返し」など、数十種類の技があります。

こんなにたくさんの技があるなら、どうやって覚えれば良いだろうと思うかもしれません。

しかし、安心してください。応用技は無数にありますが、実は基本技はそんなに多くないのです。

攻撃方法を考えずに技単体で基本技を考えるなら、一教から四教までの抑え技、小手返し、四方投げ、入身投げ、回転投げなどの基本的な技の種類は十数種類とそんなに多くはありません。

基本稽古を繰り返し、しっかりと稽古していけば、身体が自然に体捌きと技の形を覚えていきます。どんな攻撃方法であれ、共通した動きが沢山含まれているた

め、意外と簡単に新しい技を覚えることができます。

逆に言うと新しい技がなかなか覚えられないと感じている場合は基本稽古がまだ足りていない証になります。

新しい技を早く覚えたいという気持ちで基本技を疎かにした状態で応用技にチャレンジすると、ベースとなる体捌きを理解していないことになりますので応用技はなかなか身に付きません。あくまで応用技は基本技がベースとなっていますので、基本技を徹底して行い、基本の体捌きを身体に染み込ませて身に付ける必要があります。

基本技で合気道の体捌きをしっかりと身に付けば自然と応用技に対応できるようになりますし、技の種類も増えていくと思います。

そして合気道には「呼吸投げ」と言う技がありその呼吸投げの数は**無限にある**と言われています。

この呼吸投げとは…

「呼吸投げ」編に続く（P.146）

2013WCG 世界武道大会 日本代表演武

当身とは

合気道では相手の攻撃を止める際や、相手の内に入る際など様々な場面で当身を
使います。当身とは、日本の古武術や武道で急所を「突く・殴る・打つ・蹴る・
当てる」などの技術の総称です。合気道で用いられる当身は、空手やボクシング
のように突きやパンチの攻撃によって相手に大きなダメージを与えて倒す目的で
使うのではなく、当身を使って相手の注意をそらせたり、牽制したり、相手を崩
すことを目的として用います。そのため稽古で相手に対して強く当身を当てては
いけませんし、キックボクシングのように相手を倒すためにミットを使って当身
の練習をすることもありません。注意をそらすことが目的ですので、素早く的確
に当身を繰り出し、相手に当てる瞬間に止める必要があります。

また、当身と一言で言っても様々な打ち方がありますので、手刀、裏拳、縦拳、
掌底など、手の形や当てる部分を変えるだけで速さも威力も効果も変わってきま
す。技によって使う当身の形も違いますので、どの場面でどの当身を使えば素早
く、かつ効果的かを考えながら稽古してみると面白いかもしれません。形稽古の
中では形をしっかりと覚えるために、また受け側は受けることが前提ですので当
身も当然受けてくれますが、実際には受け側も当身をすることが可能です。した
がって形稽古をする際にも体捌きをする際には、相手からも常に当身の攻撃があ

ると意識して稽古する必要があります。取りだけの一方的な当身だけでなく、相手からの当身による反撃を意識することで、間合いや体捌きの重要性を知ることができます。

しかし、当身が重要だからと言って、当身を多用しすぎても形稽古の良い部分（力の流れや繋がりを意識する）が失われます。当身は効果的ですが、力の流れを止めてしまいますし、当身を使わずに重心移動や体捌きで崩すという稽古もとても大切です。個人的にはお互いが当身を入れなくても、どの瞬間でも、どこからでも当身が入るように動けるように意識して居着かずに稽古をしていくことが大事だと考えております。

戦前に開祖・植芝盛平翁が言われた有名な言葉に、合気道の実戦では「**当身七分、投げ三分**」というものがあります。本来の当身とは、急所への一撃必殺の技でもあり、一撃でも当身をもらえば重傷を負ってしまうような大変危険な技でした。また、多人数相手に一人一人投げていれば体力も消耗しますし、投げている間に他の人に攻撃されてしまう可能性があります。
このように、当身は実戦において大変重要な役割であったと考えられます。

当身の写真と簡単解説

裏拳

こぶし突き

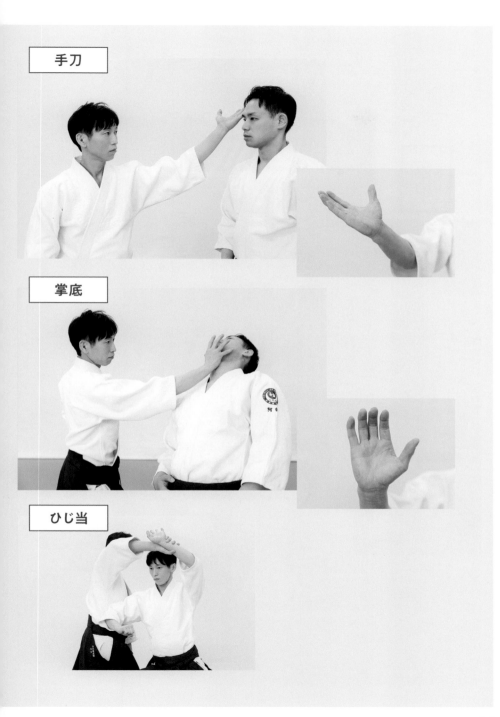

手刀

掌底

ひじ当

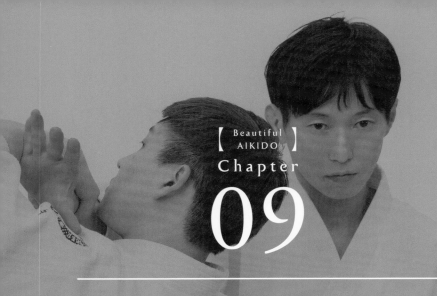

投げ技
［応用編］

【 横面打ち四方投げ（表）】

横面打ち四方投げ（表）は転身を使い
内側に丸く捌いて投げます。

③

④

⑦

⑧

【 横面打ち四方投げ（裏）】

横面打ち四方投げ（裏）は入身を使って
外側に踏み込み転換を使い投げます。

表技解説

横面打ち四方投げの
ポイント

[表の捌き]

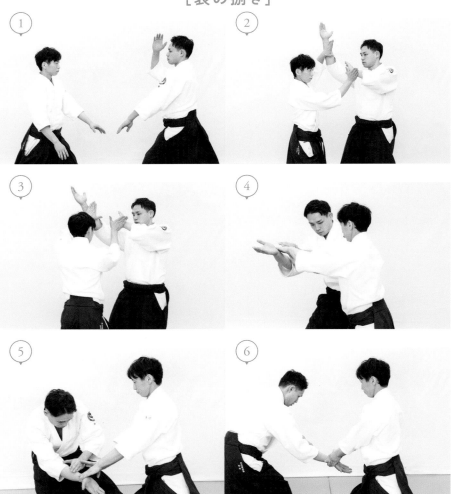

[転身] 当身を使い内側に入り丸く捌く

［裏の捌き］

入身で外側に踏み込む

当身を使い踏み込んで崩す

【 横面打ち天秤投げ 】

天秤投げは相手の肘に腕を当て、肘を極め
手の平を返して投げる技です。

③

④

⑦

⑧

横面打ち天秤投げの
ポイント

相手の肘に腕を当ててテコを使い肘を極め、手の平を返して投げる

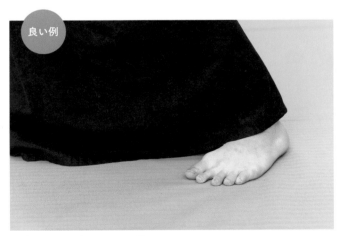

良い例

投げた後は足の裏をしっかりと畳につける

③

④

悪い例

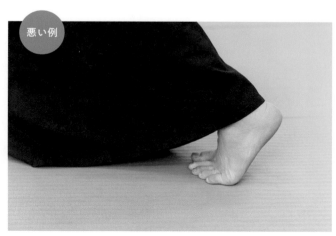

足の裏が浮かないように注意する

【 横面打ち入身投げ 】

横面打ち入身投げは転身を使い
丸く内側に捌いて投げます。

③

④

⑦

⑧

横面打ち入身投げの
ポイント

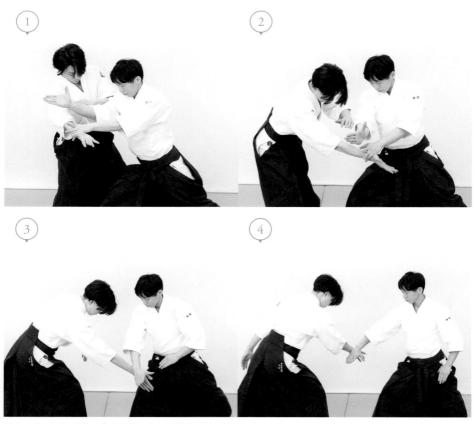

転身で丸く捌き、当身を入れた手で上から相手の手を払い出す

解説動画

脇を締め密着して
肩口に相手を寄せる

弧を描いて丸く投げる

【 両手取り天地投げ（表）】

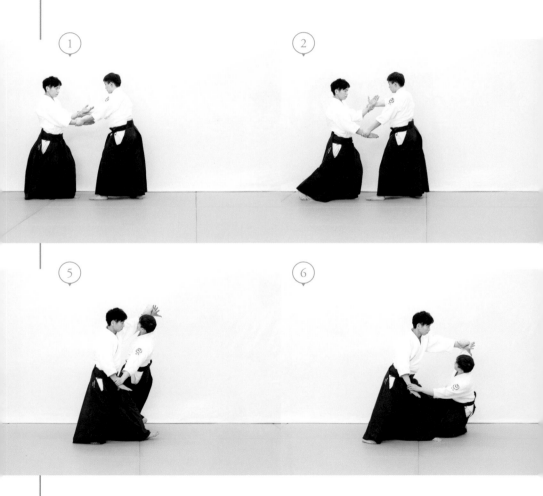

天地投げは「天」の上の崩しと「地」の下の崩し、
上下の崩しが合わさった投げ技です。

③

④

⑦

⑧

【 両手取り天地投げ（裏）】

①

②

⑤

⑥

天地投げ（裏）は転換で回りながら力を逃がし、
上下の崩しを使って投げます。

③

④

⑦

⑧

両手取り天地投げの
ポイント

天と地（上と下）の崩しを合わせる

［天の崩し］

上の手は相手の内に入れる

［地の崩し］

① ②

下の崩しは相手の斜に入る

呼吸投げとは

「呼吸投げ」とは合気道の応用技で、はっきりとした定義はなく、「**相手の呼吸（力の流れ）に合わせて、関節を極めないで体捌きや重心移動だけで投げる名称のない投げ技**」の総称であると言っても良いかもしれません。
ですから呼吸投げは無数にあり、例えば「片手取り呼吸投げ」と言われてもどんな熟練者でも名称を聞いただけではどの技を指して呼んでいるのかは正確には分かりません。

呼吸投げは体捌き、手捌き、足の動き、顔の向きが少し違うだけで別の技となります。
極端な例を挙げますと、一見すると同じ呼吸投げに見えても、指一本の使い方の違いや足先の角度がほんの少し違うだけで別の呼吸投げと認識される場合があります。
また開祖・植芝盛平翁は「状況に最も適した方法で無限に技が生まれてくる状態」を『**武産合気**』と呼んだそうです。

これは実戦においては1つとして同じ状況はないこと、つまり、同じ状況に見えても相手のタイミングや間合い、パワー、攻撃の角度はどれ1つとして全く同じということはないので、その状況に適した技が自然と無限に生まれてくる境地だと私は解釈しています。
そういう意味でも合気道の技や呼吸投げの種類は無数であり、無限にあると言えるかもしれません。

呼吸投げを考察する

呼吸投げについて私なりの解釈でもっと深堀していきたいと思います。

この合気道の「呼吸投げ」というのはある種、究極の技なのかもしれません。

「相手の呼吸に合わせて、相手の力の流れを活かして関節を極めないで投げる技」は大変高度な技術であり、実戦においてそれを使うことはとても難しいと想像されます。

ですから合気道の基本技には肩・肘・手首などを極めて着実に相手に効かせる技が多いのです。関節を極めずに相手の力を利用して投げることは理想ですが、これは実戦においては決して簡単ではありません。

もちろん、一般の人が相手なら呼吸投げで投げることは容易であり、難しくないでしょう。ここで難しいと想定している実戦の相手は柔道や相撲、レスリングなどの組技の強者に対してです。

なぜ一般の人でなく組技の強者をわざわざ基準に考えるのかというと、元々柔術は戦場における組打ち技を体系化して作られたものであり、江戸時代初期では「鎧組み討ち」を教える流派が多くありました。それが江戸後期になって鎧を着用しての戦がなくなり、普段着で行う柔術が多くなり、その組技の中で様々な当身技や関節技が発展していきました。

そして武士のたしなみとして柔術は必須とされておりましたので、武士は剣術はもちろんのこと、組技においても大変強かったのではないかと私は考えております。

柔道においても合気道の呼吸投げと同じように投げる「隅落」、「浮落」や「空気投げ」と言われる技があり、「空気投げ」は最高位の十段を授けられ柔道の神様とあがめられた三船久蔵先生が生み出した究極の技です。

競技者の技術レベルが上がり、国際大会やメダル争いをする一流同士の試合では「隅落」、「浮落」などの技はめったに見ることが出来ません。特に柔道では当身技が禁止されていますので、当身がない状態での投げ合いになると体捌きや重心移動だけで投げる技は格段に難易度が上がります。

また開祖・植芝盛平翁は弟子が稽古や演武で「呼吸投げ」をしているのを見ると激怒して、座り技一教などの基本技を稽古しているのを見ると機嫌が良かったというエピソードもあります。

それだけ実戦においての「呼吸投げ」は難しい技であり、ある種の究極の技であったのだと推察されます。

【 諸手取り呼吸投げ 】

諸手取り呼吸投げは入身と転換を使い崩し、
力を自分の中心に集中させて
手を切り下ろして投げます。

（3）

（4）

（7）

（8）

諸手取り呼吸投げの
ポイント

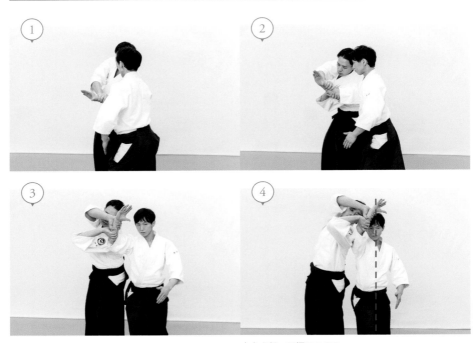

中心を保って振りかぶる

悪い例

手が中心から離れないように

［諸手取りの崩し方］

相手の人差し指と親指の間を狙い鋭角に肘を入れる

鍛錬法・剣・杖

合気道と
トレーニングについて

合気道にはトレーニング（筋トレ）が必要ですか？とよく聞かれます。
また合気道には力が要らないので、筋力は不要という話もよく聞きます。
これには様々な意見があると思います。
私個人の考えでは、筋力はないよりもあった方が絶対に良いと思いますし、**武道としての強さ**をある程度求めるなら、筋力は必要だと思います。
どの武道武術でも真剣に稽古をしていれば筋力がつかないということはないですし、ましてや昔の武人の筋力が弱かったということは考えられません。
筋力は不要という訳ではなく、力だけに頼るような技は駄目なだけなのです。大事なのはその持っている自分の力をどのように淀みなく綺麗に出力して使うのかだと考えています。
合気道の稽古は全身運動ですので、受けと取り（投げ）を交互に繰り返します。倒れて起きての動作を何回も繰り返しますので、稽古を定期的に行っている人であれば一般の人よりもかなりの筋力と体力がつくと思います。特に受身はハードですので、強い投げを受けていれば相当な筋力と体力を使います。
どんなに技術と精神を磨いても『心・技・体』の『体』が疎かになると、本当の意味で磨いた技は使えるようにならないと考えています。
またトレーニングと一口に言っても様々な運動のやり方があると思いますので、自分に筋力や体力が必要だと思えば、自分の年齢や目的にあったトレーニングを探して実際に試してみることが重要だと思います。たまにボディビルダーのようにムキムキの体になるからトレーニングは嫌だと言う人がいます。しかし、ボディビルダーのような太い筋力をつけるにはタンパク質の栄養補給をはじめとする徹底した食事管理や睡眠、そして筋肥大を促す高重量のウエイトトレーニングをしなければいけませんので、一般の人が普通にトレーニングしてもムキムキになることはありません。ボディビルダーは命を削るようなハードなトレーニングと徹底した生活管理をしているのです。
誤解をしてほしくないのは、稽古をする目的は様々ですのでみんなに筋力トレーニングを推奨したり、筋肉を沢山つけてくださいと言っている訳ではないということです。
ただ、**合気道＝筋力要らない・トレーニング不要**という安易な考え方は、自分の可能性を狭めてしまう感じがするのです。

また、筋力があってもそれを自在に使いこなす、身体の動かし方や柔らかい関節、バランスがないとその鍛えた筋力は上手く使うことが出来ません。

筋力運動の中身や筋肉の質、体のバランスが大事だと思っています。

もし筋力をつけることで関節の柔軟性が損なわれたり、動きのキレや自由度が失われるのであれば、その筋力は合気道の稽古においては無駄になります。

よく合気系の武道だけ筋力は要らないというような風潮がありますが、私は無駄な力は要らないと言う意味で捉えています。無駄の力とは肩に力が入ったような身体全体が固くなった力（力み）を差します。

この**力み**を取るというのは、本当に難しい身体の使い方ですので、稽古を始めるほとんどの人が無駄に力を入れ過ぎて固くなってしまいます。この「力み」を取って稽古するのが難しいので、「力まない身体の使い方をする」というのが、だんだんと「力が要らない」というように表現されていったのかもしれません。

自分の持っている筋力を自由に使いこなす身体操作が出来て、可動が広い柔軟な関節があり、**「力み」のない質の高い力**を出せるのであれば、持っている筋力が大きければ大きいほど力を効率的に発揮できると思います。**強い技には強い身体が必要です。**

また、テコの原理を使うのであれば、力点となる力が大きければ大きいほど強い力が出るはずです。ですから大事なポイントは自分の持っている筋力をいかに上手く使いこなせる身体の状態になっているのか、身体の操作が出来ているのかがカギになると思います。

個人的には肩関節や股関節など各関節が固くならないようにして筋力を鍛えるのが良いと思っております。体（胴体）と腕と脚が繋がる肩関節や股関節の可動域が狭く固くなってしまうと、腕の筋力と脚の筋力が体と上手く連動できなくなり、自在性を失うのではないのかと考えています。

元大リーガーのイチロー選手は初動負荷トレーニングを行っており、筋力や関節の柔軟性を失わないように気を付けてトレーニングをしていたと聞きます。

関節や筋力の柔軟性を失ってしまうと、思うように身体を動かせなくなるだけでなく怪我をするリスクも高まります。

柔らかでしなやかな強い筋力は怪我も防止します。

また合気道の開祖・植芝盛平翁は若い頃は怪力でも有名でした。

巨木を一人で引っこ抜いたり、「俵を積み替えるくらいお茶の子さいさい」と言って米俵（60kg）を真槍で突き跳ね上げて積み替えたり、70歳のときには壁に人さし指1本を押しつけただけの腕に、2人の柔道家（合計150kg）がぶら下がっても顔色ひとつ変えず支えたという信じられないエピソードがあります。

開祖の身長は156㎝で小柄でしたが、体重が80kgあったとも言われており、かなりの筋

肉量であったのではないかと推察されます。

また、開祖自身は幼い頃は身体が弱く相撲や水泳で身体を鍛えて、努力をすることで身体が逞しくなりました。

その後は様々な武術の稽古を通してさらに身体を鍛え、北海道白滝開拓では「白滝王」と呼ばれるほど活躍しました。北海道白滝開拓では、現代の我々では想像できないほど過酷な労働を行っていたので、結果として身体が物凄く鍛えられたのではないかと思います。クレーンやブルドーザー、ドーザーショベルなどの重機がない時代に、馬と人力を使っての作業になりますので、石や大きな岩、大量の土を運び、大木を切ったり抜いたりと機械を使わない簡易な道具だけで、卓越した身体操作を用いて武器を扱うように上手く道具を使うことでバランスが磨かれ、さらに最大筋力を使う超重量の労働によって元々武道で鍛えられた身体が、より一層強く鍛えられ怪力になったのだと推察されます。

開祖の有名な言葉に「米糠三合もてる力があれば、合気道は十分に上達する」という言葉もありますが、**合気道の技を上達するには力、パワーに頼って稽古しては駄目**だと言う意味であり、筋力その物が不要であるという意味ではないと私は考えております。

合気道＝力が不要ではなくて「力に頼るような技は駄目」、「力まかせの技では技術は上達しない」と私は考えています。

私自身は身体の柔軟性や関節の可動性が狭くなり自在性を失わないように気をつけてトレーニングをしており、基本的には自重（自身の体重）を使ったトレーニングをしています。

機械体操の選手はウエイトトレーニングを行わなくても回転運動や自身の身体を支えるハードな運動が多いので、自重だけで身体に高重量の負荷をかけることができます。そのため、ウエイトトレーニングをしなくても筋肉が大きく強く発達します。

筋肉を大きく強くするにはある程度の強い負荷が必要ですので、懸垂や逆立ちからの腕立て伏せなど、自重でも負荷が強いトレーニングを行っています。身体のバランスを使う筋力運動を意識しています。また柔軟性を損なわないためにヨガなども取り入れて柔軟運動もしております。

ハードな稽古であれば関節が固いと怪我をする可能性が高まりますし、股関節の柔軟性が高まると下半身の血流が促進され、疲労も回復しやすくなります。

大相撲の力士が行う**股割り**（180度開脚）はとても「理」にかなっており、怪我の防止や疲労回復に役立つことはもちろんのこと、股関節が柔らかいことで股関節の可動域が広がり、下半身に安定感が生まれ強い力が出しやすくなります。そして、筋肉と関節に可動域の広がりが出来ることで遊び（余裕）が生まれるので、瞬発的な動きにも身体が反応できるようになります。

身体が柔らかくて困ることはありません。

人間は、生まれてきた赤ちゃんの頃は柔らかく、年齢を重ねていくとだんだんと身体が固くなっていきます。肉体的な面だけでみれば**身体が固くなる＝老化現象**とも言えますので、健康的な身体を保つ上でもストレッチなどの柔軟体操で身体を柔らかく保つ運動は大切だと思います。

また、合気道を稽古している合気道家にお勧めのトレーニング（体を鍛える運動という広い意味でここでは敢えて分かりやすくトレーニングと呼びます）は、剣と杖を振ることです。開祖・植芝盛平翁は剣を持てば「合気剣」、杖を持てば「合気杖」になると言われたように、**合気道と剣・杖は密接な関係があります**。また、合気道は「剣の理合い」から生まれたとも言われており、合気道家にとって剣（木刀）・杖の稽古をすることは有意義なものだと考えております。軸を安定させてしっかりと木刀を振るためには身体の使い方も大事ですが筋力も必要です。剣と杖を沢山振ればそれだけで立派な筋力運動とも言えます。ただし、軽い木刀だと、身体に与える負荷が弱く、腕や身体の軸を鍛えるのが難しいので、出来れば鍛錬用の太い木刀がお勧めです。また、剣・杖の切り返し動作などは肩や肩関節が固いとスムーズに速く振ることが出来ません。複雑な杖の動きを通してしなやかな身体操作を身に付ければ、それが体術にも活かされてきます。

私自身のトレーニングに話を戻しますと、なるべく自然の中で身体を動かしたいという思いもあり、森や自然の中でウォーキングをしたり、トレイルラン（未舗装路を走る）なども行っています。同じウォーキングやランニングでも、屋内よりも森のような自然の中で行うと空気も新鮮で気持ちが晴れやかになりますし、森には上り坂や下り坂などの起伏があり、自然と筋肉が鍛えられます。また、森は崖や細い道など危険な場所もありますので、怪我をしないようにと神経が刺激されます。屋外での運動で自然に触れることは心にも体にも良い影響を及ぼすと考えています。

以前にテレビなどで、「筋肉は裏切らない」というキャッチフレーズが話題になりましたが、その意味は筋力運動や柔軟体操はしっかりと定期的に行えば、必ず成果が出るという意味だと思います。

一日や二日で筋力が付いたり身体が柔らかくなることはありませんが、どんな筋力運動でも柔軟体操でも、コツコツと定期的に行えばどんな人でも、確実に筋力は付きますし、身体も柔らかくなり、運動した成果が必ず身体に跳ね返ってきます。その意味でもある種の確信を捉えたフレーズでもあるので話題になったのだと思います。どんなトレーニングでも継続することが難しいので、**継続することが一番大切**だと思います。それは合気道の稽古でも同じことが言えます。「継続は力なり」です。

白川竜次を徹底解剖

足

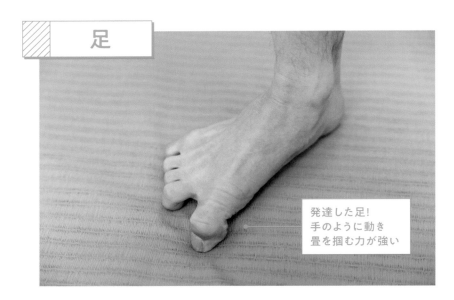

発達した足!
手のように動き
畳を掴む力が強い

手

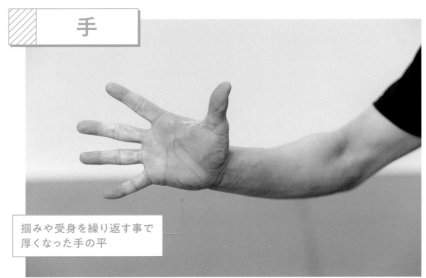

掴みや受身を繰り返す事で
厚くなった手の平

腕

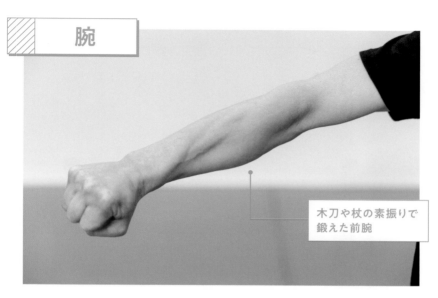

木刀や杖の素振りで
鍛えた前腕

腕

厳しい稽古で自然に
鍛え上げらえた
上腕二頭筋

【 剣の素振り 】

木刀による素振り。
剣の素振りは真っすぐに切り下ろすのが基本です。

【 杖の素振り 】

杖による素振り。
杖の素振りは真っすぐ突くのが基本です。

呼吸力

呼吸力とは？

合気道では「呼吸力」という言葉を使います。

この「呼吸力」という言葉も説明が難しく、流派・会派・先生によって解釈も様々だと思います。開祖のご子息であり、二代目道主である植芝吉祥丸先生は呼吸力を「呼吸力とは、力、すなわち気力を主体とし、それに肉体的なあらゆる力を総合したもので、気・魂・体の三位一体によって現れた人間の真の力をいう」と『合気道技法』（植芝盛平監修、植芝吉祥丸著）の中で説明しております。

呼吸力を一言で簡単に説明するのは難しいですが、あえて表現するなら「力みのない全身の集中した力」と私自身は考えております。

難しい言葉でもあえて定義を明確に簡単にすることで、今自分は何を学んでいるのかがイメージしやすく、目的意識を持って稽古をすることが出来るという大きなメリットがあります。

呼吸力って何だろうと曖昧な状態でなんとなく稽古をするよりも、完璧ではなくても意味を明確にして稽古する方が成果も出やすいと思っております。

この集中した力なのですが、肩に力が入り、息を止めたような力んだ力ではなく、無駄な力が抜けて、吐く呼吸と共に発揮される全身から生み出される集中した力だと私は考えています。

力みは呼吸と共に作り出されるので、息を止めて力を入れると身体は固くなります。息を吐きながら力を入れると身体は力みにくくなりますので、空手やボクシングなどの打撃でも基本的に突きや蹴りをする際には、息を止めるのではなく、息を吐きながら打撃を繰り出します。固くならない淀みのない力を出すには息を吐くことを意識するのが大事となります。

技の形だけでなく、呼吸を意識して稽古することで様々な発見があると考えています。

呼吸法とは？

呼吸法と**呼吸投げ**は、名前が似ているので初心者の方は混同してしまう人が多いと思います。呼吸法は呼吸投げと違い、投げ技の名称ではなく**「呼吸力」を養成するための稽古方法**となります。

つまりそれ自体が技というより「呼吸力」を付けるための練習方法と言っても良いかもしれません。

呼吸法には一般的には「座り技呼吸法」と「諸手取り呼吸法」の2つのやり方があります。

座って相手に両手を掴まれて行うのが「座り技呼吸法」であり、立った状態で片手を相手に両手で掴まれた状態で行うのを「諸手取り呼吸法」と言います。

どちらも相手にしっかりと腕を掴まれた状態であり、強く掴まれた相手に対して力で対抗するのではなく、力まずに全身の力を集中してしっかりと力を出す稽古方法です。

それで呼吸力（全身の集中した力）を鍛えます。

ですから稽古をする際には軽く掴むのではなく、強く掴む必要があります。

しかし、取り（投げる方）だけでなく、受け（投げられる方）も呼吸力を付けるためには、ただ単に強く掴むだけではなく、肩の力を抜きしっかりと全身の力を集中させて掴む必要があります。また、技を受ける際にも力をいなしたりするのではなく、しっかりと全身を使って相手の力を受けとめて受身を取ります。そうすることで取りだけでなく、受けもお互いが呼吸力を鍛えることが出来ると考えています。

それがないと、取りだけが呼吸力を鍛える一方的な稽古方法になってしまいます。

取りも受けもお互いが呼吸力を鍛えるためには、お互いが全身の力を集中させて力を出すという意識が大事となります。

【　　諸手取り呼吸法　　】

諸手取り呼吸法はただの投げ技ではなく
呼吸力を鍛える為の鍛錬法です。

諸手取り呼吸法の
ポイント

正中線を保って上げる

捻りを加える

鍛錬法なのでしっかりと肚で受ける

悪い例

腰を引かない

悪い例

腰を引いて掴まない

【 座技呼吸法 】

① ②

⑤ ⑥

座技呼吸法は相手に両手を掴ませて上に崩し
呼吸力を養成する為の鍛錬法です。

③

④

⑦

⑧

座技呼吸法の
ポイント

脇を締めて手の力ではなく肚と腰を使い上に崩す

解説動画

跪坐で抑える

相手の両脇が
上がるように
力を伝える

悪い例

手が外側に
行かないように
注意する

【 Beautiful
AIKIDO 】

Chapter

12

柔軟体操

【 柔軟体操 】

合蹠のポーズ

前屈

開脚

しなやかで強い身体を作る柔軟体操

スキのポーズ

コブラのポーズ

立ち前屈

上達するには

合気道を始めたばかりの初心者の人は、効率よく早く上達したいと考えると思います。現代生活は忙しいですし、簡単に一秒でも早く上手くなりたいという思いがあるのは当然のことだと思います。また、一気に上達するために何か裏技や効率が良い稽古方法はないかなど考える人もいることでしょう。その気持は良くわかるのですが、上達するには、やはりある程度時間が必要で、上達に裏技はなく、ある一定のレベルに達するにはとにかく稽古を重ねていくしかないのです。

もちろん、効率の良い稽古方法やテクニックは沢山あります。しかし、初心者のときに大事なのは、とにかく稽古回数を増やして身体に合気道を馴染ませることです。まずは稽古を通して武道をする強い身体を作らなければいけません。上達するには稽古の質を上げる必要があります。しかし稽古の質を上げるには、最初は沢山の稽古を積まなければいけません。つまり稽古量が少ないと稽古の質を上げることができません。

「稽古の質を上げる」＝「稽古を沢山積んで経験値を上げる・身体を作る」
ですので、上達するには裏技はなく、王道としてまずは実際に沢山の稽古を積むこと
が大切です。
その考えが基本となり、その先に稽古の質や効率、細かいテクニックなどを考えてさ
らなる上達を目指していくというのが真の上達の道だと私は考えています。

何十年も稽古している熟練者の方には本書で紹介している技術だけは物足りなく、
もっと色々な技を紹介してほしいと思う人もいるかもしれません。
今回は私が考える合気道の核となる大事な基本技を中心に厳選して紹介をしておりま
す。
それには理由があります。
合気道の技は無限に変化することができ、その技は三千種類以上あるとも言われてお
ります。
しかし、基本となる動きはそんなに多くはありません。
応用技はあくまでも基本動作の応用であり、応用技の多くは基本から成り立っていま
す。
真の上達を目指して自由自在に変化し、自分が考えるように技を出せるようになるに
は、まずはその土台となる基本を徹底して身に付けることが重要と考えます。
合気道の完成を建物に例えると分かりやすいかもしれません。

基本動作や基本技は、建物を建てるための基礎工事と同じです。基礎がしっかりと出
来ていない建物であればぐらつきがあり、また大きな建物を建てることができません。
基礎工事が深くしっかりとしていれば、何十階建てのビルでも作ることができますし、
デザイナーが作るような複雑で魅力的な建物も作ることができます。
基礎の徹底こそが真の上達に必要であり、それが疎かである応用技はただの形崩れ、
形無しと言われる中身のない技になってしまいます。
凡事徹底、真の上達の道に近道はないと思っております。

白川竜次を徹底解剖

腹筋

体脂肪率が低い
割れた腹筋

激しい稽古による
有酸素運動で自然に
脂肪が燃焼する

受身の繰り返しで
鍛え上げられた腹筋

しなやかに自在に動く

バク宙
体操経験は一切なし

Y字バランス
体幹と柔らかさ

肘つき側転

後ろ落とし受身
無音着地！

自由技

【 様々な自由技 】

四方投げ

隅落とし

腰投げ

入身投げ

無限に広がる自由技

裏岩石落とし

呼吸投げ

捨身投げ

入身突き

海外指導について

2020年に新型コロナウイルスが世界中に流行するまで、私は海外指導として毎年世界10カ国以上の国々から招聘されてセミナーを開催しておりました。1年の4分の1は、海外で指導しておりました。
合気道は現在、世界約140ヶ国の国と地域に広がっていると言われております。
合気道の争わない和合の精神は、海外でも評価され、肉体を通して内面と向き合うことを重視することから海外では「動く禅」とも呼ばれております。

海外の合気道修行者は熱心な人も多く、中には日本人よりも日本文化や日本武道に詳しい人もおります。また、日本との働き方や生活環境との違い (仕事がある中で稽古に使える時間の多寡) や、元々持っている骨格の大きさや筋力の強さ、それに加えネット社会にもなり、ネットで簡単に高い技術を見ることが出来るようになっているため、技術レベルもどんどん上がってきております。
海外指導に行くとセミナーの参加者の熱心な取り組みに心を打たれることもありますし、それぞれの国の文化から生まれる合気道の捉え方や考え方の違い、日本とは全く違う合気道の発展の形もあり、色々と考えさせられることもあります。
海外指導を通じて日本では経験できない沢山の貴重な体験を積むことが出来ています。

私が海外指導に呼ばれるきっかけになったのは、2013年にロシアで開催されたWorld Combat Games (世界武道大会) の合気道の部で、日本代表(全日本合気道連盟代表)として演武をしたことがきっかけでした。その映像がYouTubeで公開され話題になり (300万回再生以上)、世界の様々な国々からセミナーを開催してほしいと招待を受けるようになりました。まだ30代前半の話です。
海外は良くも悪くも日本と違って年功序列の価値観は少なく、若くても技術の高い人を認めてくれるという傾向があります。合気道の世界では30代はまだまだ若くて、50代、60代になってから海外指導へ行くのが普通です。また、私自身が何か団体としての権威を持っていたり、有名な先生の子孫だったわけではありませんので、コネ

も何もない状態で海外指導に行きました。ですから世界大会の映像を見てセミナーの招待を決めた主催者の先生を含め、セミナーの参加者の方々は、若い私に対して疑いをもって実力を試してやろうという思いでセミナーに来た人も多かったと思います。実際に最初に海外指導の招待をしてくれた主催者からも「今回はお試しで呼んでみただけで、毎年あなたを招待するものではありません」とはっきりと言われました。

日本から見た目も年齢も若い合気道家がセミナーに来たということで舐めていた参加者も沢山いました。セミナーではやはりというか当然ながら、技を受けないで抵抗したり我慢したりして私を困らせようと試みる人がいました。その中で力任せに技をかけたり、当身で崩してから技をかけても説得力がありません。脱力や身体操作を上手く使いながら力と力がぶつからないように柔らかく、そして時には激しく技をかけました。また海外では日本語が通じず言葉の説明が難しいこともありますし、実際に触れて、この繊細な身体操作や力の流れを知ってもらうために参加者が100人でも200人でも300人いても、またはそれ以上の人数でも、とにかく参加者全員の手を直接取って技をかけるということを心がけていました。またセミナーの参加者がかける技も自分で受身をしっかりと取りながら受身の重要性についても体現しながら説明しました。

「百聞は一見に如かず」という言葉がありますが、私は武道武術の世界では「**百見は一触に如かず**」が大事であると思っています。100回の映像を見てもわからないものが1回でも実際に直接触れることでその本質が分かり、映像では決して伝わらない感動がある。私はそれを信じて実践してきました。

直接、技に触れてもらうことで疑いをもっていた主催者や先生方、参加者の方々は私の実力を認めてくれて、態度がガラリと変わり、尊敬と信頼感を得ることができました。

セミナーが終わった後は、毎年あなたを招待してセミナーを開催したいという要望やセミナーに参加していた人の中で話題となり、自分の国でも是非セミナーを開催してほしいという要請も沢山受けるようになりました。

セミナーを積み重ねていくことで信頼を得ることに成功し、だんだんと小さな輪が大きくなっていきました。

良くも悪くも見た目も年齢も若くて、舐められながら実力を試されるように海外に呼ばれることが多かったので、私の場合は通常にあるような日本から偉い先生が来て海外セミナーを開催するというよりも、最初の方はセミナーの参加者に意地悪されたり試されたりして大変でした。ただそのお陰で精神的にも肉体的にも技術的にも散々揉まれましたので、さながらセミナーを開催しながら海外修行をしている感じでした。

海外の方は日本人よりも骨格も大きく体重も筋力もあります。また受身の取り方や技の感覚も違います。その中でいかに相手の力と調和させて、ぶつからないで技をかけるのかが重要となります。また抵抗する相手に対して形を形のまま使っていては技がかかりません。時には形を変化させ、居着かず自由に技を変化させることも大事です。もちろん合気道の稽古で無理に我慢したり、抵抗したりすることは本質ではなく、セミナーの参加者はそのような行為をやるものではありません。

それは全くの正論ではありますが、だからと言ってセミナーで抵抗する相手に対してこれはセミナーだから形通りに動いてくださいねと言っても相手は納得しません。このように日本人ではなく文化も考え方も、身体の大きさも感覚も違う様々な国々の外国人の方を相手に稽古をすることで日本では決して経験することができない沢山の貴重な経験を積むことができました。合気道には試合はありませんが、名もない自分が海外セミナーを通して自身の価値を相手に認めてもらう過程は完全なる実力社会であり、勝ち負けを争うものではありませんが、そこは技術と技術がぶつかり合う真剣勝負でした。それが結果として自分自身の合気道の成長に大きく繋がったと思っております。

［海外指導］

海外セミナーポスター

イタリア

モナコ

クロアチア

世界大会日本代表

世界を駆け巡る

セルビア

モロッコ

YouTube活動への
思い

私達のYouTubeチャンネル「合気道神武錬成塾」は現在、36万人（2023年8月現在）の登録者がいます。

コメント欄を見ていただければ分かりますが、海外の視聴者も多く、英語を中心に世界中から様々な言語のコメントを頂いております。

合気道の素晴らしさや美しさを世界の人たちに伝えたいという熱い思いを持って発信しておりましたので、日本だけでなく多くの海外の方々に見てもらえていることは大変嬉しいです。また、このYouTubeの活動の中で様々な格闘家や武道武術の素晴らしい先生方との出会いがあり、私自身が改めて武術の奥深さと魅力を感じております。YouTubeを通して合気道の美しさや素晴らしさを伝えたいという思いは今も変わっておりませんが、この活動を通して私が触れた各先生方の高い武術の技術はもちろんのこと、それだけでなく先生方の人間性や考え、取り組みや武術界への熱い思いに触れて大きな刺激と感動をいただいております。

ひと昔前でしたら、他武道・他武術との交流は禁断で、自分の流派や武術が一番であり他は絶対に認めないという殺伐な空気がありました。また自分の技は信頼できる弟子以外には見せないし触れさせないということも多くありました。

そもそも武術は人間社会の争いの中で、自分が生き残るための術（すべ）として生まれ、発展してきました。生きるか死ぬかの時代、技を見せることはすなわち教えることと同等であり、技を見せてしまえばその技が研究され、対策と返し技が生まれ、生死を掛けた戦いの中で自分の生き残る可能性を下げてしまいます。

そのために武道武術の技は門外不出であるべきという考えが根底にあるのだと思います。

それが今の時代ではその分野の一流の先生方から技を受けさせていただけるだけでなく、先生から直接、技を丁寧に解説・指導してもらい、さらにその様子をYouTubeで配信して世界中の人達と共有できるという驚くべき時代になりました。

またその様子を視聴することで新たな武術への興味と関心を増やし、武術界を活性化する動きとなっています。

これも時代に合った新しい変化の形だと思います。

武術は長い歴史と社会の変遷を経て、様々な形に変化していきました。

安全性と精神性、教育性などを重視し修業道・鍛錬道として武術から武道に変化するもの、競技武道として発展し世界中の愛好者が統一したルールの元、技術と精神を競い高めていく道、また武術の殺傷性や実戦性を重視しながら技を磨いていく道などそれぞれの武道武術の理念と思想があります。

今の時代は多様性が大事で、他を排斥し、自分の流派や武術が一番で、他を認めないという精神は武術を衰退させるものだと個人的には思っております。

素晴らしいものは素晴らしいものと素直に認め合い調和していく精神。

お互いが認め合う心の通った武術交流は武術界を発展させるものだと私は信じております。

以前、Twitterで私のことをこのように面白おかしく書いた人がいました。

【合気道の達人・一般的なイメージ】

・仙人みたいな老人

・痩せ細った肉体

・神秘的な技を使う

・他の武道や武術と交わらない

↓

【実際の達人】

・若々しいイケメン

・鍛え上げられた肉体

・合理的な技を使う

・積極的に技術交流する

・プロレス愛がすごい

・ドロップキックの打点が高い

数年前まで格闘技が本物で武術はなんとなく怪しいもの、そして合気道は特に「怪しい」ものと言われてきました。

自分の人生を掛けて毎日真剣に稽古していた私にとってそれはとても悲しいことでした。

合気道が怪しいと言われる理由の１つに、上記にあるような他武道・他武術と交わらずに仙人みたいなやせ細った老人が弟子のありえないような攻撃に、弟子にしかかからないような神秘的な技で、少し触れただけで弟子が大げさに吹っ飛ぶみたいなイメージから来ているのだと思います。

また武術雑誌の特集でYouTubeチャンネル「合気道神武錬成塾」について以下のような感想がありました。

【合気道の「怪しい」「嘘くさい」と言うイメージを払拭しようと、美しい技、明快な理合いと強靭なフィジカルを元に10年以上前からYouTubeで活動されている白川先生のご尽力が窺い知れる、大変有益なチャンネル】

【白川先生のロジカルな説明と、分かりやすく美しいダイナミックな技で、近年合気道という武術その物のイメージが大きく変わったと思う。一般の理解が得られ易く、流布し易い物へと変わりつつあるのは白川先生の御尽力の賜物と言えるのでは。】

YouTubeの交流と活動を通して、合気道のどこか「怪しい」というイメージも変えることが出来たらと思って頑張っております。

これからもYouTubeチャンネル「合気道神武錬成塾」は、合気道の「美しい世界」と、様々な武道武術の素晴らしさと魅力を、動画を通して視聴者の皆様にお伝えできれば幸いです。
「洗練された動きは美しい」
これからもどうぞよろしくお願い致します。

白川竜次

父であり師である白川勝敏塾長と

最 後 に

　本書では稽古への取り組み方や受身の考え、呼吸力の定義など様々な踏み込んだ内容があったと思います。長年合気道を稽古している方の中には、自分と考え方が違うと思われた方もいると思います。それは至極当然なことであり、私自身も自分の合気道や考え方が正しくて、これが真の合気道であり、他は間違っているなどとは微塵も思っておりません。

　大きな合気道という世界の一つの捉え方や考え方であり、呼吸力や呼吸投げの定義にしても、本来は一言で説明できるような簡単なものではないと思っております。しかし、敢えて簡単に定義づけし言語化をするのには意味があり、簡単に言語化することで修行者にとっては、この稽古は何のためにやっているのか、どの部分を意識して稽古するのかということが明確になり、目的意識をもって稽古することで上達が早くなると私は考えています。本書で紹介している内容はあくまでも現時点で、白川竜次個人の理解と考え方であると捉えていただければ幸いです。これからさらに稽古と年齢を積み重ねて様々な経験をすることで、技も考え方も変わっていくのが普通であると思っています。

　開祖・植芝盛平翁も戦前・戦中・戦後で年齢や経験、時代背景と共にその考えや技も大きく変化していきました。また、大本教の出口王仁三郎氏との邂逅により心

眼が開けてこの世の物とは思えない超人的な神技が出来るようになったとも言われ
ております。

　不世出の天才・植芝盛平翁が作り上げた偉大なる合気道を真に理解するには、私
たち凡人では一生修行しても理解できないくらい深いものがあります。

　また、開祖の戦前・戦中・戦後それぞれの高弟で柔道・空手・ボクシングなど
様々な武道武術の一流のバックボーンを持った偉大な先生たちは、開祖の合気道を
深く理解しようと、それぞれの武道の経験を活かして色々な角度から合気道の理解
を試みました。才能ある個性豊かな先生方が研究した合気道はそのどれもが素晴ら
しく、どれもが大きな合気道の世界の一部であると思っております。

　開祖が作った合気道を象に例えるなら、私たちは目隠しをした状態で象の様々な
部分に触れているだけかもしれません。耳を触った人はそれは柔らかく大きなもの
だと言い、牙に触れた人はそれは固くて鋭いものだと言いました。それらの感想は
全て正しく、まぎれもなく象ではありますが、それは一部であり、決して象全体を
表すものではありません。「群盲象を評す」の例えは、開祖が作った偉大なる大き
な合気道についても当てはまるのかもしれません。

【　道場生紹介　】

阿部宗玄
Abe Toshiharu

合気道 五段

阿部優貴
Abe Hiroki

合気道 参段

松浦芳季
Matsuura Yoshiki

合気道 弐段

【　YouTubeチャンネルの紹介　】

白川竜次先生の『合気道神武錬成塾』チャンネルです。是非ご覧ください!

世界が注目! 登録者36万人の武術チャンネル

合気道神武錬成塾
Aikido Shinburenseijuku

https://www.youtube.com/
@Shinburenseijyuku

美しい合気道

2023年 8 月 3 日　初版発行
2024年10月30日　4 版発行

著　　　者　　白川竜次
発 行 者　　山下直久
編 集 人　　瀬川昇
発　　　行　　株式会社KADOKAWA
　　　　　　　〒102-8177 東京都千代田区富士見2-13-3
　　　　　　　電話 0570-002-301（ナビダイヤル）
編集企画　　グローバルコミック編集部
装　　　丁　　諸橋藍
写真撮影　　松井伴実
動画撮影　　冨田実布
印刷・製本　　大日本印刷株式会社

［お問い合わせ］
https://www.kadokawa.co.jp/（「お問い合わせ」へお進みください）
※内容によってはお答えできない場合があります。※サポートは日本国内のみとさせていただきます。※Japanese text only

定価はカバーに表示してあります。
ISBN 978-4-04-682555-1 C0075
©Ryuji Shirakawa 2023 Printed in Japan